JA中野市女性部の伝えたい味

いっぱいごちそう

JA中野市女性部20周年実行委員会／編

ほおずき書籍

『いっぱいごちそう』使っとくらぃ！

　農協婦人部が農協女性部に変わって20年。この度、この記念の年に『いっぱいごちそう』を発行する運びとなり、ご協力をいただいた関係各位および各種団体の皆様に厚く御礼申し上げます。

　忙しい日々の中で、少しでも安心・安全な食卓をと考え、奮闘している皆さん。本書は、そんな皆さんのために、カンタンに作れる料理を中心にＪＡ中野市女性部が集めたレシピ集です。

　家食が見直されてきた昨今、家族の喜ぶ顔が並ぶ豊かな食卓のお手伝いができれば幸いです。

　「健全なる精神は、健全なる肉体に宿る」と言います。

　50、60は花の葉、70、80は花盛り！

ＪＡ中野市女性部20周年実行委員長

小林　秀子

『いっぱいごちそう』／目次

『いっぱいごちそう』使っとくらぃ！
　　　　　ＪＡ中野市女性部20周年実行委員長　　小林　秀子

えのき氷
- ●えのき氷の作り方…………………………………… 12
- 1　きのこのシーザーサラダ………………………… 14
- 2　お好み焼き………………………………………… 15
- 3　マーボー豆腐……………………………………… 16
- 4　ビシソワーズ……………………………………… 17
- 5　豚肉ときのこの甘酢あん………………………… 18
- 6　ドレッシング……………………………………… 19
- 7　蒸しパン…………………………………………… 20
- 8　きのことあさりのスープパスタ………………… 21
- 9　ぶなしめじと春菊のかき揚げ…………………… 22
- 10　肉じゃが…………………………………………… 23
- 11　えのき氷入り卵焼き……………………………… 24
- 12　えのき茸と大豆のポタージュ…………………… 25

きのこ料理
- 13　えのき茸となすの鍋……………………………… 26
- 14　なめ茸の卵焼き…………………………………… 27
- 15　えのき入り団子のすいとん汁…………………… 28

簡単おかず
- 1　小松菜と鶏肉のしょうが炒め…………………… 30
- 2　ささみの梅肉サラダ……………………………… 31
- 3　鶏肉の照り焼き…………………………………… 32

4	鶏ひき肉の色どりマーボー	33
5	シューマイ	34
6	甘味噌がけとんかつ	35
7	いなか風ポトフ	36
8	豆腐のしそ豚肉巻き	37
9	ゴーヤと豚肉のケチャップ炒め	38
10	豚の角煮	39
11	豚肉とキャベツの重ね煮	40
12	豚肉と大根の炒め煮	41
13	さつまいもと豚肉の味噌煮	42
14	やわらかしょうが焼き	43
15	レバーのケチャップ和え	44
16	油を使わない肉野菜炒め	45
17	豚肉の冷しゃぶキムチ味	46
18	長芋の豚肉巻き	47
19	あずきかぼちゃ	48
20	いかと大根の煮物	49
21	いもなます	50
22	長芋の揚げだんご	51
23	かぼちゃのっけサラダ	52
24	切り干し大根と油揚げの煮物	53
25	黒豆の煮方	54
26	くるみの健康ソフトふりかけ	55
27	減塩ポテトサラダ	56
28	小松菜のピーナッツ和え	57
29	ゴーヤチップス	58
30	小女子入りおから	59
31	小女子の常備食	60
32	じゃがいもの味噌炒め	61
33	じゃがいもとズッキーニの重ね煮	62

34 白かぶのだし汁煮 ………………………………… 63
35 ズッキーニのチーズ焼き ………………………… 64
36 そばサラダ ………………………………………… 65
37 簡単トマトサラダ ………………………………… 66
38 豆腐だて巻き ……………………………………… 67
39 揚げ納豆 …………………………………………… 68
40 凍み豆腐の含め煮 ………………………………… 69
41 手作り豆腐 ………………………………………… 70
42 おからサラダ ……………………………………… 71
43 にんじんのツブツブ和え ………………………… 72
44 ノビルと小魚の塩昆布和え ……………………… 73
45 にらとツナの色どりあえ ………………………… 74
46 長芋のたたき ……………………………………… 75
47 にんじんのシルシル ……………………………… 76
48 なすとピーマンの油味噌 ………………………… 77
49 ひじきと根菜のきんぴら ………………………… 78
50 ピーマンのにぎ煮 ………………………………… 79
51 どっさりレタススープ …………………………… 80
52 焼きちくわときゅうりのマヨネーズ …………… 81
　●とりむね肉のおいしい食べ方 ………………… 82
　●ゆで卵 …………………………………………… 83

ご飯もの

1 おこわ ……………………………………………… 86
2 味つけおこわ ……………………………………… 87
3 笹寿司 ……………………………………………… 88
4 ちらし寿司 ………………………………………… 89
5 ちまき ……………………………………………… 90
6 黒豆寿司 …………………………………………… 91
7 鶏肉入り黒豆ごはん ……………………………… 92

8 お麩の鶏そぼろ丼	93
9 桜えびの炊き込みご飯	94
10 パーティーカップご飯	95
11 おやき皮	96
12 はやそば	97
13 サラダ風冷やしめん	98
14 パエリア	99
15 カツ丼	100

漬物・佃煮

●漬物の基礎知識	102
1 赤カブの酢づけ	103
2 甘梅干しの漬け方	104
3 完熟梅の梅干し	105
4 梅漬け①	106
5 梅漬け②	107
6 かつお梅	108
7 きゅうりのからし漬け	109
8 きゅうりのビール漬け	110
9 ゴーヤの漬物	111
10 奈良漬け	112
11 新しょうがの甘酢漬け①	113
12 新しょうがの甘酢漬け②	114
13 生大根で漬ける たくあん漬け	115
14 大根を干さずに漬ける たくあん漬け	116
15 大根のハリハリ漬	117
16 大根の酢漬け	118
17 たくあん漬け	119
18 丸なすのからし漬け①	120
19 丸なすのからし漬け②	121

20 丸なすのからし漬け③	122
21 野沢菜のからし漬け（切りづけ）	123
22 うすみどりフキの甘酢漬け	124
23 福神漬け	125
24 ゴーヤの佃煮	126
25 小女子とクルミの佃煮	127
26 新しょうがの佃煮	128
27 フキの甘煮	129
28 きゅうりの佃煮	130

おやつ

1 青ブキ菓子	132
2 炊飯器でつくる甘酒	133
3 炊飯器でつくる梅ジュース	134
4 芋もち	135
5 いちじくの煮方	136
6 カフェオレパン	137
7 簡単チーズケーキ	138
8 生キャラメル	139
9 げんこつあめ	140
10 コーヒーういろう	141
11 さつまいものレモングラッセ	142
12 しそジュース	143
13 じゃがいもモチ	144
14 スノーボールクッキー	145
15 かんたん大福餅	146
16 玉ねぎパン	147
17 にんじんケーキ	148
18 バナナスムージー	149
19 ピザ①	150

20	ピザ②	151
21	フルーツ白和え	152
22	ほろほろクッキー	153
23	みかんの皮の砂糖煮	154
24	マシュマロ菓子	155
25	ヨーグルトゼリー	156
26	落花生のおしるこ	157
27	リメイクポテトサラダ	158
28	りんごのヨーグルトケーキ	159
29	簡単りんごケーキ①	160
30	簡単りんごケーキ②	161
31	りんごのレモン漬け	162

たれ・ドレッシング

1	青じそドレッシング	164
2	梅味噌	165
3	カツのタレ	166
4	だしつゆ	167
5	冷やし中華のタレ	168

付　録

- ●手づくり工房M＆K ……………………………………………170
   - ① りんごと野菜ペースト ……………………………………170
   - ② ジャム ………………………………………………………171
   - ③ シロップ漬け ………………………………………………172
- ●ちょい聞きいい話 ………………………………………………173
- ●お料理便利メモ …………………………………………………174

JA中野市女性部20周年記念誌編集委員

1 えのき氷を利用した料理

(きのこ料理)

えのき氷の作り方

材料　製氷皿　約2枚分

えのき茸 …………… 300g　　水 …………………… 400g

作り方

① **えのき茸をカットする。**
えのき茸は石づきをカットして、残りをざく切りにする。

② **日光に当てる**
ミキサーで砕く前に、約1時間、日光に当てるとビタミンD2がアップ！

③ **ミキサーで砕く**
ミキサーに約30秒かけて、ペースト状になるまで砕く。

④ **煮詰める**
鍋にペースト状にしたものを入れ、弱火で60分、こげつかないようにかき混ぜながら煮る。

調理のpoint

- ミキサーで細かく砕きやすいように、えのき茸は細かく切る。
- えのき茸を煮る際は、ふきこぼれないように注意！
- 鍋の底に焦げつかないように、鍋底をこするように混ぜる。

道具

包丁	ミキサー	木べら	製氷皿
まな板	鍋	ボウル	

⑤ **粗熱をとる**
大きめのボウルに氷水を入れ、❹の粗熱をとる。

⑥ **冷凍庫で凍らせる**
冷ました❺を製氷皿に流し込み、冷凍庫で凍らせる。

⑦ **完成**
えのき氷が完全に固まったら、製氷皿から取り出し保存する。

こんなに活用できる！

一緒に加熱するだけ

- 汁もの
- 炒めもの
- 煮物

溶かして混ぜるだけ

- カップめん
- ドレッシング
- チューハイ
- ジャム

保存方法

- タッパーなどの密閉容器に入れて保存する。
- ジッパー付きの袋に入れて保存すると、場所をとらずに便利！

1 きのこのシーザーサラダ

材料　2人分

えのき氷 ……… 1個（30g）	クルトン、パセリ（みじん切り）
レタス ……………… 4枚	…………………… 各適量
ベーコン …………… 3枚	粉チーズ ………… 大さじ1/2

A {
　マヨネーズ ……… 大さじ1と1/2
　生クリーム …… 大さじ2
　おろしにんにく ….. 少々
}

　アンチョビフィレ（みじん切り）
　………………… 1枚
　サラダ油 ……… 大さじ2

作り方

① えのき氷は電子レンジ（600W）で30秒加熱して解凍し、**A**に加えて混ぜ、サラダ油を2回に分けて加え、さらに混ぜ合わせ、最後に粉チーズを加えて混ぜ合わせる。
② レタスはひと口大にちぎり、ベーコンは1cm幅に切る。
③ 熱したフライパンでベーコンをカリカリになるまで炒め、器にレタス、ベーコン、クルトンの順に盛る。
④ ❶のドレッシングをかけ、パセリを散らす。

2 お好み焼き

材料　4人分

えのき氷	2個（60g）	水	70cc弱
えのき茸	100g	サラダ油	適宜
ぶなしめじ	100g		
エリンギ	50g		
お好み焼きの粉	100g		
干しえび	15g		

トッピング：お好みソース、かつお節、青のり、マヨネーズ、紅しょうがなど（お好みで）

作り方

① きのこは石づきを除き、食べやすい大きさに切る。
② ボウルに粉を入れ、水と解凍したえのき氷を加え混ぜておき、❶と干しえびを加えよく混ぜる。
③ フライパンを熱し、サラダ油を薄くなじませ、好みの大きさにタネを流し、両面を焼く。
④ 皿に盛り、好みのトッピングをして出来上がり。

3 マーボー豆腐

材料　4人分

- えのき茸 ……………… 200g
- 木綿豆腐 ……………… 1丁
- ねぎのみじん切り …… 1/3本

タレ
- にんにくみじん切り ……………… 1かけ
- 豚ひき肉 ………… 80g
- えのき氷 ‥ 3個（90g）
- 豆板醤 ……… 大さじ1
- 甜面醤（または味噌） ……………… 大さじ1
- サラダ油 ‥‥ 大さじ1

A
- とりがらスープ …… 150cc
- 紹興酒（または料理酒） ……………… 大さじ1
- 塩 ………………… 少々
- しょうゆ ……… 大さじ1と1/2
- こしょう ………… 少々
- 水溶き片栗粉 ……… 少々

作り方

① えのきは石づきを除き3cm位に切り、豆腐は角切りにする。
② フライパンにサラダ油を熱し、にんにくとひき肉を炒め、えのき氷と豆板醤・甜面醤（または味噌）を加え、タレをつくる。
③ 豆腐、ねぎのみじん切りを加える。
④ **A**の調味料を加え、水溶き片栗粉でとろみをつけて出来上がり。

4 ビシソワーズ

材料　2人分

えのき氷 ……… 3個（90g）	玉ねぎ ……………… 1/4個
牛乳 ………………… 200cc	バター ……………… 5g
じゃがいも ………… 1個	塩・こしょう ………… 少々
A { コンソメスープの素（顆粒）………… 小さじ1　水 ………… 大さじ2	生クリーム ………… 50cc　パセリ（みじん切り）…… 適量

作り方

① 牛乳にえのき氷を入れ、溶かしておく（完全に溶けなくてもOK）。

② じゃがいもは3等分に切って耐熱皿にのせ、ラップをかけて電子レンジ（600W）で4〜5分加熱し、皮をむく。

③ フライパンにバターを溶かし、薄切りにした玉ねぎを炒め、塩・こしょうをふり、しんなりしたらAを加えて溶かす。

④ ミキサーにじゃがいも、❶の牛乳とえのき氷、玉ねぎを入れて回し、ボウルに移して生クリームを加える。器に盛ってパセリを散らして出来上がり。

5 豚肉ときのこの甘酢あん

材料　2人分

えのき氷 ……… 2個（60g）	塩 ……………… 小さじ1
エリンギ …… 1/2パック（60g）	粒マスタード ……… 小さじ1
玉ねぎ ………………… 1/4個	こしょう ……………… 少々
ピーマン ……………… 2個	
赤ピーマン …………… 1個	
豚肩ロース肉（塊） …… 150g	

A ｛ しょうゆ、塩、片栗粉 ……… 各大さじ1/2

B ｛ 鶏がらスープ …… 100cc
　　しょうゆ ……… 大さじ2
　　砂糖 ………… 大さじ2
　　酢 …………… 大さじ1
　　水溶き片栗粉 ……… 適量

作り方

① 豚肩ロース肉は2cm角に切り、Aをもみ込む。
② エリンギ、玉ねぎ、ピーマン、赤ピーマンは食べやすい大きさに乱切りする。
③ フライパンにサラダ油を熱し、豚肉を色が変わるまで焼き、❷を加えて炒め、溶かしたえのき氷、Bを加えて野菜に火が通るまで強火で煮て、水溶き片栗粉でとろみをつける。

6 ドレッシング

材料　適宜人分

えのき氷 ……… 1個（30g）	塩 ………………… 小さじ1
オリーブ油 ………… 100cc	粒マスタード ……… 小さじ1
酢………………………… 50cc	こしょう ……………… 少々
（またはワインビネガー）	

作り方

① えのき氷は電子レンジで解凍する。
② ボウルにオリーブ油以外の材料を加え、泡立て器でよく混ぜ、塩を溶かす。
③ オリーブ油も加え混ぜ、出来上がり。

7 蒸しパン

材料　8個：4人分

えのき氷 ……… 2個（60g）	抹茶 …………………… 少々
市販の蒸しパンミックス	甘納豆 ………………… 少々
………………………… 200g	かぼちゃ ……………… 適宜
水 …………………… 40cc	

作り方

① えのき氷は電子レンジで解凍し、水40ccを加え混ぜる。
② ボウルに蒸しパンミックスを入れ❶を加え、よく混ぜ、生地の2分の1に抹茶を入れてよく混ぜる。
③ プリン型にホイルカップを入れ、❷の生地を大さじ1ずつ流し入れる。抹茶生地の上に甘納豆を、残りの白い生地にさいの目に切ったかぼちゃをトッピング。
④ 仕上げに15分蒸す（竹串を刺して何もついてこなければOK）。

8 きのことあさりのスープパスタ

材料　2人分

えのき氷	2個（60g）
ぶなしめじ	1/4パック（50g）
玉ねぎ	1/4個
ベーコン	2枚
バター	15g

A:
- あさり（水煮缶）（小）… 1缶
- コンソメスープ、牛乳 …… 各300cc
- スパゲッティ …… 140g
- 塩・こしょう …… 少々
- パセリ（みじん切り）…… 適量

作り方

① ぶなしめじは、石づきを取ってほぐす。玉ねぎは薄切り、ベーコンは1.5cm幅に切る。

② フライパンにバターを熱し、❶を炒め、玉ねぎが透明になったら、溶かしたえのき氷、Aを加えて2〜3分煮る。

③ 鍋にたっぷりの湯を沸騰させ、塩（分量外）を入れ、スパゲッティを少しかためにゆで、ザルにあげて水けをきる。

④ スパゲッティを❷のフライパンに加えて1分程煮て、塩・こしょうで味を調える。器に盛ってパセリを散らす。

9 ぶなしめじと春菊のかき揚げ

材料　2人分

えのき氷 ……… 2個（60g）	桜えび ……………… 5g
ぶなしめじ	卵 ………………… 1/2個
……… 1/4パック（50g）	薄力粉 …………… 40g
春菊 ………… 3株（40g）	揚げ油 …………… 適量
水 ………………… 50cc	

作り方

① ぶなしめじは石づきを取ってほぐし、春菊は根元1cmを切ってざく切りにする。

② 水にえのき氷を入れて溶かし、卵を加えて溶き、薄力粉を加えて混ぜる。

③ ボウルに、ぶなしめじ、春菊、桜えびを入れて、薄力粉（分量外）を軽くふってサックリとからめ、❷の衣に加えて、お玉1つ分くらいにすくい取り、170℃の揚げ油でカラッと揚げる。

10 肉じゃが

材料　2人分

えのき氷	3個（90g）	
じゃがいも	2個	
にんじん	1/3本	
玉ねぎ	1/2個	
しらたき	100g	
牛こま切れ肉	80g	
サラダ油	大さじ1	
水	180cc	
砂糖	大さじ1	

A ｛ みりん　大さじ1と1/2
　　しょうゆ　大さじ1と1/2
　　さやえんどう　6枚

作り方

① じゃがいも、にんじんは皮をむき、乱切りにする。玉ねぎは薄切りにする。しらたきはサッと湯通しし、ざく切りにする。

② 鍋にサラダ油を熱し、じゃがいも、にんじん、玉ねぎ、しらたきを炒め合わせ、全体に油がまわったら水、砂糖を加え、沸騰したら牛こま切れ肉を加えてアクを取り、えのき氷、**A**を加え、落としブタをし、煮汁が半分ぐらいになるまで煮る。

11 えのき氷入り卵焼き

材料　4人分

卵	8個
油	適量

A
- えのき氷 ………… 2個
- 砂糖 ………… 大さじ3
- 酒 ………… 大さじ3
- 白だし ……… 大さじ3

作り方

① えのき氷をレンジで温め（30秒）、よくかき混ぜ砂糖、酒を入れ、さらにむらなくかき混ぜ、冷ましておく。
② 卵8個をボウルに割り入れ、あらかじめ用意しておいた❶を入れ、さらに混ぜる。
③ 油を敷いたフライパンに卵液を流し入れ、焼く。

12 えのき茸と大豆のポタージュ

材料　4人分

えのき茸 …………… 200g	えのき氷 …………… 2個
玉ねぎ ……………… 200g	味噌 ……………… 大さじ2
ゆで大豆 …………… 200g	豆乳 ……………… 2カップ
だし汁 …………… 1カップ	パセリ（みじん切り）…… 少々

作り方

① えのき茸は根を除き、玉ねぎと共にみじん切りにして、えのき氷を加えラップをかけ、電子レンジで2分程加熱する。
② ❶と、ゆで大豆、だし汁、味噌、豆乳を合わせて、フードプロセッサーにかける。
③ 器に入れ、電子レンジで1分30秒(1人分)の目安で加熱する。
④ 仕上げにパセリをふる。

13 えのき茸となすの鍋

材料　4人分

えのき茸	160 g	
長なす	4 個	
しょうが	20 g	
ピーマン	4 個	
白ごま	小さじ 2	
ごま油	大さじ 2	

A:
- 砂糖 …… 大さじ1
- 酒 …… 大さじ2
- だし汁 …… 大さじ2
- 味噌 …… 大さじ3

作り方

① えのき茸は根を除き、2～3cmに切る。
② なすは1.5cm厚さの輪切りにして電子レンジにかけ、しんなりさせる。
③ しょうがはみじん切り、ピーマンは乱切りにする。
④ ごま油を熱し、しょうが、なす、えのき茸、ピーマンを加えて炒める。
⑤ ❹にAを合わせて加え、混ぜながら火を通す。
⑥ 器に盛り、ごまをふりかける。

14 なめ茸の卵焼き

材料　4人分

卵	4個
なめ茸	大さじ2～3
水	大さじ3
油	少々

作り方

① ボウルに卵となめ茸、水を入れてよくかき混ぜる。
② フライパンで❶を焼く。

point　お弁当のおかずに喜ばれています。

15 えのき入り団子のすいとん汁

材料　4人分

団子	にんじん ……………… 50g
えのき ……………… 100g	白菜 ………………… 2枚
小麦粉 ……………… 200g	豚肉または鶏肉 ……… 50g
片栗粉 …………… 大さじ2	水 …………… 3と1/2カップ
水 ………………… 100cc	しょうゆ ………… 大さじ2
	みりん …………… 大さじ1
しめじ ……………… 50g	
エリンギ …………… 2本	

作り方

① えのきは石づきを取り、細かく切って、小麦粉、片栗粉、水（100cc）を混ぜ合わせ、粉が手につかなくなるまでよく練る。

② ❶を沸騰したお湯にスプーンですくい入れ、10分程度ゆで、ザルにあげる。

③ 鍋に水（3と1/2カップ）、にんじん、しめじ、エリンギ、白菜、肉を入れて煮る。

④ 火が通ったら❷を入れ、しょうゆ、みりんで味を調え、ひと煮立ちさせたら出来上がり。

2 簡単おかず

えのき氷 きのこ料理 **簡単おかず** ご飯もの 漬物・佃煮 おやつ ドレッシング 付録

1 小松菜と鶏肉のしょうが炒め

材料 4人分

小松菜 …………… 半束ぐらい	しょうゆ …………… 大さじ2
鶏むね肉 ……………… 1枚	みりん ……………… 大さじ2
塩・こしょう ………… 少々	おろししょうが …… 1かけ分
小麦粉 …………… 大さじ2	
ごま油 …………… 大さじ2	

作り方

① 小松菜は3～4cm幅のざく切りにする。
② 鶏むね肉はひと口大に切って、塩・こしょう、小麦粉をまぶす。
③ フライパンにごま油の半分の量を入れ、小松菜をサッと炒めて取り出す。
④ 残りのごま油を入れ、鶏肉を炒める。
⑤ 鶏肉に焼色がついたら、しょうゆ、みりん、おろししょうがを加え、一気にからめる。
⑥ 鶏肉に味がなじんだら小松菜をもどし入れ、ひと混ぜしたら出来上がり。

point 鶏肉はもも肉でもOK。

2 ささみの梅肉サラダ

材料　4人分

鶏ささみ肉 …… 300g（片栗粉でまぶす）	レタス ………………… 適量
もやし ………………… 200g	梅たれ ┌ 梅肉 ………… 30g
きゅうり ……………… 1本	┤ しょうゆ …小さじ2
大葉（せん切り）……… 4枚	└ だし汁 …… 小さじ2

作り方

① もやしは、ゆでるかレンジで3分加熱し、粗熱をとる。
② 鍋にたっぷりの湯を沸かし、大さじ1の酒を入れ、ささみ肉をゆでる。完全に色が変わったらザルにとる。
③ ❶ときゅうり、大葉を混ぜ合わせてレタスを器に敷き、その上にさいたささみ肉を盛り、梅だれをかける。

3 鶏肉の照り焼き

材料 4人分

鶏もも肉 ……………… 2枚

A { しょうゆ ……… 大さじ4
みりん ………… 大さじ2
サラダ油 ……… 大さじ2
おろししょうが …… 適量
（チューブでも可）

作り方

① 鶏肉はフォークで数か所穴をあける。
② ビニール袋に入れよくもみこむ。
③ フライパンでよく焼く。

4 鶏ひき肉の色どりマーボー

材料　4人分

しょうが …………… 2片	豆板醤………………小さじ2
鶏ひき肉 …………… 200g	ごま油………………適量
なす ………………… 6個	粗挽き黒こしょう……少量
長ねぎ ……………… 2本	**水溶き片栗粉** 片栗粉………大さじ2
ピーマン …………… 4個	水…………大さじ2
カラーピーマン（赤）…… 1個	

A
- 鶏がらスープの素 … 小さじ2
- 湯 ……………… 1カップ
- 味噌 …………… 大さじ2
- 砂糖 …………… 大さじ2
- オイスターソース … 大さじ2

作り方

① なすは縞目に皮をむき、7〜8mm幅の半月切りに。長ねぎは1.5cm幅に切り、ピーマン2種類は乱切りに、しょうがはみじん切り。

② Aの材料を混ぜ合わせる。

③ フライパンにごま油大さじ1を熱して、しょうが、鶏ひき肉を炒め、なす、長ねぎ、ピーマン2種を加えて炒める。

④ ❸に❷をからませ、粗挽き黒こしょうをふる。豆板醤を加える。

⑤ 水溶き片栗粉でとろみをつけて、ごま油少量をふる。

5 シューマイ

材料　4人分

豚ひき肉 …………… 300g	片栗粉（つなぎ）…… 大さじ1
玉ねぎ（みじん切り）… 350g	シューマイの皮
砂糖 …………… 大さじ1	塩・こしょう ………… 適量
卵 ………………… 1個	

作り方

① 塩・こしょう、豚ひき肉、卵、玉ねぎ、砂糖、片栗粉を入れ、よく練る。
② シューマイの皮に包み、10分蒸す。

- キャベツのせん切りを敷いて一緒に蒸すと野菜もとれる。
- 具にれんこんのみじん切りを加えると歯ごたえが出る。

6 甘味噌がけとんかつ

材料　4人分

豚ロース肉（とんかつ用）
　………………… 4枚

甘味噌 ｛ 味噌 … 大さじ3と1/2
　　　　 砂糖 … 大さじ2と1/2
　　　　 ごま油 ……… 少々

衣 ｛ 小麦粉 ………… 適量
　　 とき卵 ………… 適量
　　 パン粉 ………… 適量

キャベツ
ミニトマト

作り方

① 豚肉は包丁の先で数か所筋切りを。材料を合わせてよく混ぜた甘味噌を両面に塗り、10〜15分置く。
② 小麦粉と卵を混ぜ、衣を作りパン粉をつけて揚げる。
③ 揚げ油を180℃位に熱し、❷の肉を入れて揚げ、薄く色づいたら裏返し、中まで火を通しながら両面をこんがりと揚げる。
④ ❸を食べやすく切って器に盛り、キャベツのせん切り、トマトを添える。

point　冷めてもおいしいので、お弁当のおかずにも良いですよ。

7 いなか風ポトフ

材料　4人分

豚肉 …………………… 320ｇ	緑のもの { ブロッコリー / いんげん　等々
ごぼう ……（3～4㎝）×4切	
大根 …（2㎝の輪切り）×4切	塩
じゃがいも（中）……… 4個	砂糖
玉ねぎ（中）…………… 4個	しょうゆ
にんじん（小）	酒　　　　　 } 適量
………… （3～4㎝）4本	みりん
	サラダ油
	水

作り方

① 鍋に油少々を敷き、肉の表面を強火で炒める。
② 好みの味に砂糖、酒、しょうゆで味付けし、水を加えて20～30分煮る。
③ ❷にごぼう、にんじん、大根、玉ねぎを入れ、塩等で味を調えながら水と酒を適当に加え、20～30分煮る。
④ ❸にじゃがいもを加え、ホックリしたら緑のものを加え盛りつける。

8 豆腐のしそ豚肉巻き

材料　4人分

豚肉 …………………… 200g	
もめん豆腐 ….. 2丁（600g）	
（1丁を6等分する）	
塩（切った豆腐にふる）	
………………… 小さじ2/3	
大葉 …………………… 12枚	
薄力粉 …………… 大さじ2	
サラダ油 ………… 大さじ2	

A ┃ しょうゆ……… 大さじ1
　 ┃ みりん………… 大さじ1
　 ┃ 砂糖…………… 小さじ1

作り方

① 耐熱皿に塩をふった豆腐を並べ、ラップをせずに電子レンジで4〜5分加熱し、水切りする。

② ❶の粗熱が取れたら大葉を巻き、豚肉を巻きつけて表面に薄力粉をまぶす。

③ フライパンに油を熱し、❷を入れて中火でフタをして焼き、途中で裏返す。

④ 肉全体に焼色が付いたらAを入れ、強火で汁けをとばして仕上げる。

9 ゴーヤと豚肉のケチャップ炒め

材料　4人分

ゴーヤ …………………… 2本	オイスターソース … 大さじ3
豚肉 …………………… 300g	小麦粉 …………… 大さじ1
トマト …………………… 3個	塩・こしょう ………… 少々
ケチャップ ……… 大さじ5	サラダ油 ………… 大さじ1

作り方

① 豚肉をひと口大に切り、塩・こしょうをもみ込んだ後、小麦粉をまぶす。
② ゴーヤは縦半分に切り、種とワタを取り2～3mmの厚さに切る。たっぷりの湯にひとつまみの塩を入れて1、2分ゆでた後、水にとり、水けをきる。
③ トマトはざく切りにする。
④ フライパンに油を入れ、豚肉を炒め、トマト、ゴーヤを入れて混ぜ合わせる。
⑤ ケチャップとオイスターソースを入れて炒め煮する。

point　豚肉のかわりに鶏肉を使ってもおいしい。

10 豚の角煮

材料　4人分

豚バラ肉（かたまり）･･･ 500ｇ	砂糖 ･･････････････ 大さじ３
にんにく ･･･････････ １かけ	しょうゆ ････････････ 大さじ５
しょうが ･･･････････ １かけ	塩 ････････････････ 小さじ1/2
酒 ･･･････････････ １カップ	

作り方

① 豚肉はひと口大に切り、にんにく、しょうがの薄切りを入れて、かぶる程度の水で１時間煮る。
② そのまま冷まして一晩置き、浮いた脂をとる。
③ 酒、砂糖を入れ40分程煮て、しょうゆ、塩を入れてさらに20分程煮る。

11 豚肉とキャベツの重ね煮

材料　4人分

豚肉（薄切り）………… 300g	しょうゆ ………… 大さじ1
キャベツ ……………… 1/2玉	塩 ……………………… 適量
しょうが ……………… 1片	こしょう ……………… 少々
だし汁 ………………… 400cc	

作り方

① キャベツは芯を取り、食べやすい大きさにざく切り、豚肉は3cm程の大きさに切り、しょうがは、せん切りにする。

② 大きめのボウル（耐熱性のあるもの）にキャベツを敷き、豚肉としょうがをその上に広げ、その上にさらにキャベツを重ねる。これを3回程繰り返し、一番上がキャベツになるようにする。

③ だし汁、しょうゆ、塩・こしょうを加えてボウルにふんわりラップをかけ、レンジで加熱する（目安は600Wで10分）。ラップをはずし、十分温まっていれば出来上がり。味をみて、しょうゆ、塩・こしょうで調える。

12 豚肉と大根の炒め煮

材料　4人分

豚肉	150g	ごま油	少々
大根	350g	砂糖	大さじ1/2
にんじん	60g	しょうゆ	大さじ1
えんどう豆	適量	みりん	大さじ1
白ごま	少々	酒	大さじ1
サラダ油	大さじ1/2	水	大さじ3

作り方

① 大根、にんじんをたんざく切りにする。
② フライパンにサラダ油を入れ、肉に火が通ったら❶を入れ、いっしょに炒める。
③ 大根が透き通ってきたら砂糖、しゅうゆ、みりん、酒、水を加え、フタをして火を弱め煮込む。
④ ゆでておいたえんどう豆を加え、ごま油少々を全体にまわし火をとめる。
⑤ 皿に盛りつけ、白ごまをふる。

13 さつまいもと豚肉の味噌煮

材料　4人分

豚こま肉 ……………… 200ｇ		味噌 ………… 大さじ3
さつまいも …………… 300ｇ	A	砂糖 ………… 大さじ2
厚揚げ ………………… 1個		みりん ……… 大さじ1
いんげん豆 …………… 少量			
酒 ……………… 大さじ2			

作り方

① 豚こま肉は食べやすい大きさに切り、さつまいもは皮付きのまま乱切りにする。

② 厚揚げはペーパータオル等で油を取り、9〜12等分に切り、いんげん豆はサッとゆでる。

③ 鍋に水を2カップ沸かし、強火のまま酒と豚こま肉を少量ずつ入れアクを取り、Aとさつまいもを入れ、中火で5分煮る（さつまいもがやわらかくなるまで）。

④ いんげん豆を加えて、ひと煮立ちさせて出来上がり。

14 やわらかしょうが焼き

材料　4人分

豚ロース肉 ………… 10枚	砂糖 …………… 大さじ3
（450〜500ｇ）	しょうゆ ……… 大さじ3
しょうが（小）……… 2かけ	キャベツ、トマトほか野菜
酢 ……………… 大さじ3	………………… 各適量
酒 ……………… 大さじ3	

作り方

① しょうがは皮をこすり取ってすりおろし、酢とともに豚肉にもみこむ（豚肉は筋切りをする）。
② ❶の肉を中火のフライパンでこんがり両面を焼き、取り出す。
③ ❷のフライパンに酒、砂糖、しょうゆをひと煮立ちさせたところに肉をもどし、からめながら火を通す。
④ 煮汁がとろりとしてきたら、皿に盛り、キャベツ、トマトなどを色良く添える。

point　酢はさっぱりさせてくれるほか、肉をやわらかくする働きがあるので、お弁当にしても、おいしくいただけます。

15 レバーのケチャップ和え

材料　4人分

豚レバー ………………… 180g	揚げ油
しょうゆ ………… 大さじ1	
おろししょうが ………… 適量	
おろしにんにく ………… 適量	

下味用

酒 …………… 小さじ1強
みりん ………… 小さじ2/3
片栗粉 ………………… 20g

A {
　ソース ……… 大さじ1/2
　ケチャップ ….. 大さじ2
　味噌 ………… 大さじ1/2
　砂糖 ………… 大さじ1
　酒 …………… 小さじ1
　カレー粉 ………… 少々
　水 ……… 大さじ1と1/2
}

作り方

① ひと口切りにしたレバーを下味用の調味料に1時間程漬けておく。
② 水けをペーパータオルで取り、レバーに片栗粉をからめて揚げる。
③ Aを加熱しておき、揚げたレバーを均一にからめる。

● タレの味付け等は、好みに応じて工夫しましょう。

16 油を使わない肉野菜炒め

材料　4人分

豚こま切れ肉 ………… 300g	
塩・こしょう ………… 少々	
酒 ……………… 大さじ1	
キャベツ …………… 400g	
にんじん …………… 40g	
ピーマン …………… 4個	
しょうがのせん切り … 2かけ	
もやし ……………… 1袋	

A
- 片栗粉 ………… 小さじ2
- 鶏がらスープの素 ………… 小さじ1/2
- 塩 ………… 小さじ1/2
- こしょう ………… 少々
- 水 ………… 1/2カップ

作り方

① ボウルに豚肉を入れ、塩・こしょうを少々、大さじ1の酒を加えてもみ込む。

② キャベツはざく切り、にんじんは薄い半月切り、ピーマンは縦半分に切って横5mm幅に切る。

③ 熱したフライパンに❶を入れ、フタをして弱めの中火にかける。

④ 2～3分焼いて、汁が出てきたらフタをとってほぐし、肉から出た脂や肉汁でしょうが、にんじんを加えて約1分炒める。

⑤ 強めの中火にし、キャベツ、ピーマン、もやしを加えて炒める。野菜が少ししんなりしたらAを加え、全体になじむまで炒め合わせる。

17 豚肉の冷しゃぶキムチ味

材料　4人分

豚肩ロース …………… 320g	白いりごま ………… 小さじ2
白菜キムチ …………… 160g	青じそ …… 5枚（せん切り）
レタス ………………… 120g	酒 ………………… 大さじ1

A ｛ ごま油　　　小さじ2
　　しょうゆ　　小さじ2

作り方

① 鍋にたっぷりの湯を沸かして、大さじ1の酒を加える。豚肉を1枚ずつサッとゆでてザルにとる。
② ボウルに❶とキムチ、レタスを入れAを和える。皿に盛り、白ごまと青じそをふりかける。

18 長芋の豚肉巻き

材料　4人分

長芋 …………… 300g	ごま油 ……… 大さじ2
豚ロース肉（薄切り）…… 12枚	しょうゆ ……… 大さじ2
塩・こしょう、片栗粉	A　みりん ……… 大さじ2
……………… 各適量	砂糖 ………… 大さじ2

作り方

① 豚肉は1枚ずつ広げ、塩・こしょうをふる。
② 豚肉の上に適当に切った長芋をのせて手前からクルクルとしっかり巻き、片栗粉を薄くまぶす。
③ フライパンにごま油を熱し❷を焼いて、焼色がついたらAを加えて煮からめる。

長芋のかわりにオクラでも良い。

19 あずきかぼちゃ
―自然の甘さでいとこ煮―

材料　4人分

あずき	160g	塩	小さじ1
かぼちゃ	150g		

作り方

① あずきを洗って、水3カップといっしょに鍋に入れる。フタをせず強火で煮て、沸騰したら火を弱める。水1カップを3〜4回に分けて足しながら、あずきがやわらかくなるまで煮る。1回目の差し水以降は、フタをして煮る。

② あずきがやわらかくなったら、塩と、2cm角に切ったかぼちゃを加える。

③ かぼちゃが煮えたら出来上がり。

point
- 塩だけの味付けですが、あずきとかぼちゃの自然の甘さでおいしく食べられます。
- 1日の目安摂取量は茶碗1杯。おかずの一品として、また間食代わりにして何回かに分けて食べるとよいでしょう。
- 保存は冷蔵庫で。

20 いかと大根の煮物

材料　4人分

大根 …………… 1本		だし汁 ……… 2カップ
いか …………… 2杯	A	しょうゆ …… 大さじ4
		砂糖 ………… 大さじ6
		塩 ………… 小さじ1/2

作り方

① 大根は皮をむいて半月切りにして、ゆでる。
② いかは1cmの輪切り。
③ ❶❷Aを合わせて、落としブタをして煮る。

21 いもなます

材料

じゃがいも …… 7〜8個 (1.8kg)	にんじん ……… 少々 (色つけ程度)
砂糖 …………… 400g	油
塩 …………… 大さじ1	
酢 …………… 大さじ3 （Ａコープ五倍酢）	

作り方

① じゃがいもは皮をむき、にんじん同様にせん切りして、一晩多めの水にさらし、でんぷんを抜く。
② ❶をザルにあげ、水けをよくきる。
③ 鍋を熱し、油を入れ、じゃがいもを入れる。ご飯のしゃもじでよく混ぜる。3〜5分位したら砂糖、塩、酢をいっしょに入れて、焦がさないように汁がなくなるまで炒めて、出来上がり。

上手に作る4つのポイント

1　強火で炒める。
2　大きめの鍋を使う。
3　酢はＡコープの五倍酢が良い。
4　シャリシャリ感を出すには、一晩水にさらし、でんぷんを抜くこと。

22 長芋の揚げだんご

材料　4人分

長芋 …………………… 1本	めんつゆ ………… 大さじ1
青ねぎ（わけぎ）……… 3本	小麦粉 ……………… 100g
白ごま ……………… 適量	揚げ油 ……………… 適量

作り方

① 長芋は皮をむいて、すりおろす。
② 青ねぎは小口切りにする。
③ ❶と❷とめんつゆを入れてよく混ぜ、小麦粉・白ごまを加えてダマがなくなるまでよく混ぜる。
④ 油を熱し、❸をスプーンなどですくい落とすようにして揚げる。

23 かぼちゃのっけサラダ

材料　4人分

かぼちゃ	400g	トマト	1個
きゅうり	100g	塩	小さじ1
玉ねぎ	100g	マヨネーズ	大さじ3
ツナ缶	70〜100g		

作り方

① かぼちゃを3〜5mm位の厚さに切り、ふかす。
② きゅうり、玉ねぎをみじん切りにし、小さじ1の塩でよく混ぜ、少しそのままにしておき水分が出たら、しっかり水分をきる。
③ ツナ缶の油をきり、❷をマヨネーズといっしょにし、よく混ぜる。
④ 皿の中心にトマトのざく切りを置き、その周りにかぼちゃを敷いて、かぼちゃの上に❸をのせる。

24 切り干し大根と油揚げの煮物

材料　4人分

切り干し大根 ……… 140g位
油揚げ ……………… 2枚

タレ
- しょうゆ …… 大さじ10
- 酒 …………… 大さじ3
- 砂糖 ………… 大さじ8
- だし汁 ……… 4カップ

サラダ油 ……………… 少々

作り方

① 切り干し大根は、水に漬けてもどす。
② 油揚げは油を抜く。
③ サラダ油とタレを入れて汁気がなくなるまで煮る。

25 黒豆の煮方

材料　4人分

黒豆	1カップ	しょうゆ	大さじ1
水	3カップ	重曹	小さじ1
砂糖	1カップ		

作り方

① 調味料全部を煮立て、熱いうちに豆を入れて一晩置く。
② 中火で4時間位煮る。煮汁が少しあるうちに火をとめる。

26 くるみの健康ソフトふりかけ

材料　4人分

むきくるみ ………… 約200g	かつお節 …………… 20g位
梅漬けで使ったしそ	しょうゆ ……… ほんの少し
………… よく絞って100g位	
(なければ市販のしそ漬けでよい)	

作り方

① くるみは、レンジで2分位、加熱する。そして包丁で細かくきざむ。
② しそもよく絞って細かくきざむ。
③ ❶と❷を混ぜ合わせ、そこにかつお節を入れ混ぜる。ほんの少しのしょうゆで仕上げる。

point　夏の食欲のない時、とてもおいしいですよ。

27 減塩ポテトサラダ

材 料　4人分

A ｛ じゃがいも（皮をむく） …………… 500g
　　玉ねぎ（乱切り）… 100g ｝

D ｛ マヨネーズ ……大さじ2
　　牛乳 …………小さじ2
　　酢 ……………小さじ1 ｝

B ｛ 酢 ……… 小さじ2（10cc）
　　塩 ………… 小さじ2/5 ｝

粗挽き黒こしょう

C ｛ きゅうり（小口切り） ……………… 2〜3本
　　塩 ………………… 少々 ｝

作り方

① Aのじゃがいもは4等分位に切り、鍋に入れフタをしてゆでる。
② じゃがいもがゆであがる少し前に玉ねぎを加え、サッと火を通す。鍋のフタをずらして湯切りをし、再び火にかけて、水分をとばし、粉をふかせる。
③ じゃがいもが熱いうちにBを加えて混ぜる。
④ Cのきゅうりは塩でもみ、サッと洗って水けを絞る。
⑤ ❸の粗熱がとれたら、❹のきゅうりを混ぜて器に盛り、混ぜ合わせたDをかけて粗挽き黒こしょうをふる。

28 小松菜のピーナッツ和え

材料　4人分

小松菜	280g		味噌	小さじ2
にんじん	20g	A	砂糖	小さじ1
煎りピーナッツ	8g		だし汁	小さじ4

作り方

① 小松菜はゆでて、3cmの長さに切る。
② にんじんは皮をむいてせん切りにし、ゆでる。
③ ピーナッツは粗く、砕いておく。
③ ボウルにAを混ぜ合わせ、水気を絞った❶❷❸を加えて和える。

29 ゴーヤチップス

材 料　4人分

ゴーヤ	1本	塩	少々（苦味とり用）
から揚げ粉	適量		

作り方

① ゴーヤを縦に二つ切りにして、種と白いワタをスプーンで取る。薄くスライスして塩をふり5、6分置く。
② ゴーヤの水けをキッチンペーパーで取り、から揚げ粉をまぶす。
③ 180℃の油でこんがりと揚げる。

30 小女子入りおから

材料　4人分

おから ………………… 200g	しょうゆ
小女子 ………………… 30g	………… 大さじ1と1/2
ごぼう ………………… 30g	みりん ………… 大さじ1
にんじん ……………… 30g	砂糖 …………… 大さじ2
ねぎ ………… 2本（200g）	サラダ油 ……… 大さじ1
干ししいたけ …… 3枚（60g）	
うす揚げ ……… 1枚（40g）	だし汁 ……………… 300cc

作り方

① 干ししいたけはもどしてせん切り。ごぼうはささがき、酢水に少し入れる。にんじんは半月切り。ねぎは小口切り。うす揚げはせん切り。

② 鍋に大さじ1の油を入れ、❶の野菜、小女子を炒める。

③ しんなりしたらだし汁、しょうゆ、みりん、砂糖を入れ、2～3分煮る。

④ ❸におからを入れて煮る。

point おから料理は、カルシウムも食物繊維も豊富です。

31 小女子の常備食

材料　4人分

A
- 小女子（いりこ） … 100g
- 塩昆布 … 30g
- 花かつお … 10g
- ごま … 10g

B
- しょうゆ … 30cc（大さじ2）
- みりん … 30cc（大さじ2）
- 酢 … 30cc（大さじ2）
- 砂糖 … 50〜60g（大さじ4）

作り方

① Bの調味料を全部ボウルに入れて、砂糖が溶けるまでよく混ぜてタレを作る。
② Aと❶のタレをよく混ぜ合わせる。

point
- 煮込んだりしない。
- 大きめの小女子の場合は、最初に2分程レンジで加熱して水分をとばしてから使います。

32 じゃがいもの味噌炒め

材料　4人分

じゃがいも … 300g（中3個）	砂糖 ………………… 大さじ2
玉ねぎ ……… 100g（中1個）	味噌 ………………… 大さじ2
にんじん ……………… 60g	
油 ……………… 大さじ2	

作り方

① じゃがいもは皮をむき、せん切りにして水にさらす。
② 玉ねぎ、にんじんもせん切りにする。
③ フライパンに油を熱し❶、❷を入れて炒める。
④ じゃがいもがやわらかくなったら、砂糖・味噌を入れて味を調える。

33 じゃがいもとズッキーニの重ね煮

材料　4人分

じゃがいも …………… 4個	カレー粉 …………… 少々
ズッキーニ …………… 1個	塩、こしょう、しょうゆ
ひき肉（合びき）……… 200ｇ	………………………… 適宜
サラダ油 ………… 大さじ1	パセリ ……… 飾り用にあれば
にんにく …………… 1かけ	

作り方

① じゃがいもは皮をむき、1cm位の厚さの半月切りにする。
② ズッキーニは皮付きのまま、じゃがいもと同様に切る。
③ フライパンに油を入れて火にかけ、薄切りにしたにんにくを炒め、ひき肉を入れてさらに炒める。
④ ひき肉の色が変わったらじゃがいも、ズッキーニを入れてサッと炒め、フタをして蒸し焼きにする。
⑤ じゃがいもがやわらかくなったら、カレー粉、塩、こしょうを入れる。
⑥ 最後にしょうゆをまわし入れて火をとめ、器に盛ってパセリを散らして出来上がり。

● ズッキーニの代わりに、トマトやパプリカなどでも色合いがきれい。ピザ用のチーズを最後にかけてもおいしく食べられます。

34 白かぶのだし汁煮

材料　4人分

かぶ ………………… 4個	みりん ………… …大さじ2
だし汁 ……… かぶがかぶる位	砂糖 ……………… 大さじ1
しょうゆ（薄口）	色どり野菜
………………… 大さじ3	

作り方

① かぶは皮をむき葉を切り、切り口を平らにする。かぶる位のだし汁でやわらかくなるまで煮る。
② だし汁に薄口しょうゆ、みりん、砂糖を煮立て、味を調える。
③ 小鉢にかぶを1つずつ入れ、上からタレをかける。
④ にんじんの花型切りや、ほうれん草など、色どり野菜を添えるときれい。

35 ズッキーニのチーズ焼き

材料　4人分

ズッキーニ ………… 小4本	こしょう ……………… 適量
ツナ缶 ……………… 1缶	小麦粉 …………… 大さじ4
マヨネーズ ……… 大さじ2	
ピザ用チーズ …… 大さじ4	
塩 ……………… 小さじ1	

作り方

① ズッキーニを縦半分に切る。

② 中身をスプーンでくり抜き、きざんでボウルに入れる。ツナ缶、マヨネーズ、塩、こしょうを加え混ぜる。

③ ❶のズッキーニに小麦粉をつけ、❷をもどし入れる。上にピザ用チーズをのせ、オーブントースターか魚焼きグリルにホイルを敷いて上にのせ、5〜8分焼く。

36 そばサラダ

材料　4人分

そば ………………… 100g	きゅうり …… 1本（せん切り）
水菜 ………………… 1株	じゃこ ……………… 100g
レタス ……………… 1/4玉	めんつゆ ………… 50〜70cc
キャベツのせん切り …… 適当	ごま油………………大さじ1

作り方

① そばはかためにゆでる。
② そばを適当にざっくり切り、ごま油をまぶす。
③ 野菜を食べやすい大きさに切り、そばと混ぜる。
④ ❸にじゃことめんつゆを混ぜて出来上がり。
⑤ 好みでねぎのこま切りを混ぜる。

37 簡単トマトサラダ

材料　4人分

トマト（小） ………… 4個	ドレッシング
ツナ缶（小） ………… 1缶	オリーブオイル
玉ねぎのみじん切り ….. 少々	酢
マヨネーズ …………… 少量	塩

作り方

① トマトは湯むきするか、または直接トマトを火に当て、冷水に浸け皮をむく。
② ❶のトマトの芯をくり抜く。
③ ツナと玉ねぎのみじん切りを少量のマヨネーズで和える。
④ ❷に❸を詰める。
⑤ 皿に❹を盛りつけてドレッシングをかける。

● ドレッシングはお好みの市販品でもOK。

38 豆腐だて巻き

材料　4人分

もめん豆腐 …… 1丁（400g）	塩 ……………… 小さじ1/3
卵 …………………… 6個	酒 ……………… 大さじ1/2
砂糖 ……………… 70g位	長芋 ……………… 100g

作り方

① 豆腐は4等分して熱湯に入れ、沸騰したらザルに入れ、水を30分位きる。
② すべての材料をミキサーにかける。
③ オーブンの型に流し入れ、180℃で25分位焼く。
④ 焼色がついたら巻きすで巻き、輪ゴムで両側をとめる。

豆腐の代わりに、はんぺんでも良い。

39 揚げ納豆

材料　4人分

寿司揚げ ……………… 8枚
小粒納豆 ……… 5〜6パック

作り方

① 寿司揚げを半分に切り口を開いておく。
② 1つにつき小粒納豆の3分の1を詰める。
③ フライパンに油を敷かず❷を平らに並べ、少し焦げ目が付くくらいに両面を焼く。
④ からしじょうゆをつけて、熱いうちに食べる。

寿司揚げは、油抜きせずにそのまま使う。

40 凍み豆腐の含め煮

材料 4人分

凍み豆腐	4枚
揚げ油	適量

A
- だし汁 ………… 3カップ
- 酒 …………… 1/2カップ
- しょうゆ ……… 小さじ2
- 砂糖 ………… 大さじ3
- 塩 …………… 小さじ1

作り方

① 凍み豆腐に熱湯をかけ、もどし、やわらかくなったら含んだ水を切る。
② ❶を半分にして油で揚げる。
③ Aに入れ、汁がなくなるまでとろ火で煮る。

41 手作り豆腐

材料 〔豆腐大1丁分（市販品の2〜3丁相当）〕

大豆 ……… 2カップ（300g）
　　　（1カップ130〜150g）
にがり ……………… 12.5cc
　（粗製海水塩化マグネシウム）
にがりを溶かす白湯 ……… 50cc

準備
大豆は前日に水に浸しておく（冬期24時間・夏期12〜15時間）。

作り方

① 大鍋に水10カップを火にかけて沸騰させておく。
② 浸した大豆と同量の水をミキサーに入れ、2分間まわす（これを呉汁という）。
③ 呉汁を湯に浮かせるように入れ、10分以上煮る（焦げつくので注意する）。ここで絶対にかき混ぜないこと！
④ 鍋に布、または袋を敷き、呉汁を入れる（豆腐とおからに分ける）。
⑤ ボウルを伏せ、その上に❹をのせて、布をすりこぎに巻きつけて絞る。
⑥ 豆乳が70〜75℃の間に白湯に溶かしたにがり液を入れ、静かに混ぜる。温度が下がりすぎた場合は火にかけ、70〜75℃にしてから、にがりを入れる。
⑦ にがりを入れてからは、70〜75℃に保ち、冷めすぎたら湯煎にかける。10分くらいで分離する。
⑧ 豆乳が固まり、上澄み液が出来たら、布を敷いた流し箱に入れ、軽い重石をのせる。
⑨ 時々布をたたみなおし、20分で出来る。豆腐のしわを取る。
⑩ 水を張ったボウルに箱ごと入れ、枠をはずし布をとる。

- ②で、ミキサーにかけ足りないと、おからがボソボソして豆腐もかたくなります。
- ⑥で、温度が低すぎても固まらないし、高すぎてもかたい豆腐になり、おいしくなりません。

42 おからサラダ

材料　4人分

おから	………………	200g
A { りんご	……………	1個
玉ねぎ	……………	1個
わかめ	……………	適量
すし酢	…………………	50cc
（Aコープらっきょう酢でも良い）		

作り方

① おからは軽く炒ってすし酢で味付けする。
② せん切りにしたAと合わせる。

point　❶の味付けしたおからは、冷凍保存できるので、たくさん作っておくと便利です。

43 にんじんのツブツブ和え

材料　4人分

にんじん（中）………… 1本
辛子明太子
　…… 30g位（お好みで適量）

マヨネーズ
　………… 大さじ山盛2杯位
　　　　（お好みで適量）

作り方

① にんじんは3㎜×5㎝の細切りにする。
② フライパンに大さじ1のサラダ油で、しんなりするまで炒める。
③ 辛子明太子の皮を取り除く。
④ マヨネーズと❸を混ぜておく。
⑤ ❹を❷のにんじんに混ぜて出来上がり。

44 ノビルと小魚の塩昆布和え

材料　4人分

ノビル	100 g	塩昆布	4 g
しらす干し	60 g		

作り方

① ノビルは2㎝位に切り、ゆでる。
② しらす干しは湯通しする。
③ ノビル、しらす干し、塩昆布を混ぜ合わせる。

45 にらとツナの色どりあえ

材料　4人分

にら …………………… 2束	しょうゆ ………… 大さじ1弱
にんじん ……………… 50g	塩 …………………………… 少々
ツナ缶 ………… 1缶（70g）	

作り方

① にらは3cm程の長さに切り、熱湯に塩を入れてサッとゆでて、冷ましておく。
② にんじんは、せん切りにして、ほど良いやわらかさにゆでて冷ます。
③ ❶を軽く絞って❷とツナ、しょうゆをよく混ぜ合わせる。

お酒のおつまみに、最高です。

46 長芋のたたき

材料　4人分

長芋	120g	わさび	少々
梅干し	2個	しょうゆ	少々

作り方

① 梅干しは種を取り、果肉を細かくきざむ。
② 長芋をビニール袋に入れてすりこぎでたたき、粗くつぶす。
③ ❶を入れ、混ぜ合わせる。しょうゆを落として食べる。

point ❷にわさびを入れ混ぜ合わせ、しょうゆを落として食べてもおいしい。

47 にんじんのシルシル

材料　4人分

にんじん	1本	塩・こしょう	適量
油	大さじ2	玉ねぎ	1玉
酢	大さじ2		

作り方

① にんじんを、せん切りにする。
② 玉ねぎは半分に割り、1mm位の厚さに切る。
③ 熱したフライパンに大さじ2の油を入れ、弱火でにんじんに火を通す。
④ ❸に玉ねぎを加えて炒める。
⑤ 塩・こしょうで味つけをし、最後に酢を加える。

48 なすとピーマンの油味噌

材料　4人分

なす	3本
ピーマン	2個
サラダ油	大さじ1
赤唐辛子（小口切り）	1本

A:
- 酒 ………… 大さじ2
- 砂糖 ………… 大さじ2
- みりん ………… 大さじ2
- 味噌 …… 大さじ1と1/2
- しょうゆ ……… 小さじ2

作り方

① フライパンにサラダ油と唐辛子を入れて熱し、粗切りのなすと細切りのピーマンを炒める。

② なすがしんなりしたらAを加え、汁けがなくなるまで煮からめる。

49 ひじきと根菜のきんぴら

材料　4人分

ごぼう（斜め薄切り）………… 1/2本	油 ……………… 大さじ2
れんこん（半月切り）…… 160g	A {　しょうゆ …… 小さじ4
にんじん（たんざく切り）…… 60g	みりん ……… 小さじ4
生ひじき …………… 160g	めんつゆ ……… 少々

作り方

① ごぼうとれんこんは、それぞれ酢を入れた水に浸けてアクを除く。
② 生ひじきはザルに入れて水洗いし、水けをきる。
③ 鍋に油を熱し、ごぼう、れんこん、にんじんを入れて、野菜に少し歯ごたえがあるくらいまで炒め、ひじきを加え、油がまわったらAを加え、汁けをとばしながら炒める（13～15分）。味をみて、少々のめんつゆで味を調える。

50 ピーマンのにぎ煮

材料　4人分

ピーマン …………… 10個位	削りかつお
きざみ油揚げ ……… 1枚位	……… 1パック（3g）程度
めんつゆ ……（ストレート）	

作り方

① 洗ったピーマン（ヘタ付き）をギュッとにぎってからきざみ油揚げといっしょに鍋に入れる。
② めんつゆ（ストレート）で煮る（味の濃淡は各ご家庭で）。
③ 仕上げに削りかつおを加えて出来上がり。

 お好みで唐辛子を入れてもOK。

51 どっさりレタススープ

材料　4人分

レタス（小）‥‥ 1個（300g）	日本酒 ‥‥‥‥‥‥ 大さじ2
豚バラ肉 ‥‥‥‥‥‥‥ 150g	しょうゆ ‥‥‥‥‥ 大さじ1
片栗粉 ‥‥‥‥‥‥ 大さじ1	こしょう、塩 ‥‥‥‥‥ 少々

作り方

① 豚肉は食べやすく切る。鍋に水4カップ入れ、沸騰したら酒と、豚肉に片栗粉をまぶしたものを散らすように入れ、2〜3分煮る。

② レタスは5cm角に手でちぎる。

③ ❶にしょうゆ、こしょうを入れ、レタスを加えてサッとひと煮たちさせる。味をみて塩分が足りないようなら塩を加えて調える。

52 焼きちくわときゅうりのマヨネーズ

材料　4人分

焼きちくわ …………… 2本	とろけるチーズ
	サラダ菜またはレタス

A ｛ 錦糸卵／枝豆／きゅうり／ハム ｝ ………… 適量

作り方

① 焼きちくわは縦に半分に切り、くぼみにマヨネーズを塗る。
② Aの材料を焼きちくわの長さに切る。
③ ❶にAをのせ、とろけるチーズをのせる。
④ ❸を器にのせ、トースター（1,200W）で3分焼く（電子レンジで2分温めても良い）。
⑤ 器に食べやすい大きさに切ったサラダ菜、レタス等をのせ、その上に④を盛りつけ、ミニトマトを飾る（お好みでしょうゆをかけてもおいしい）。

とりむね肉のおいしい食べ方

1 とりハム

材 料

とりむね肉 …………… 2枚	砂糖 …………… 大さじ2
塩 ………… 小さじ2	水 ………… 大さじ2

作り方

① とり肉は皮をはがし、材料をすべてビニール袋に入れよくもみ込み、冷蔵庫で一晩ねかす。
② 多めの湯を沸かし沸騰したら肉と皮を入れる。
③ 2～3分ゆでたら火をとめ、フタをして冷めるまで置いておく。
※ 皮は細く切って煮物や炒め物に利用する。

2 まいたけと漬け込む

材 料

とりむね肉 …………… 2枚	砂糖 …………… 大さじ2
まいたけ ……………… 50g	水 …………… 大さじ2
塩 ………… 小さじ2	

作り方

① とり肉は少し大きめに切る。まいたけはみじん切りにして、材料をすべてビニール袋に入れよくもみ込み、90分ねかせる。
※ そのまま焼いたり、フライにおすすめです。

3　塩水につける

材　料

とりむね肉 ……………… 2枚	砂糖 ………………………… 10g
塩 ………………………… 10g	水 ………………………… 100cc

作り方

① 材料をすべてビニール袋に入れよくもみ込み、冷蔵庫で一晩ねかす。

※ いろいろな料理に使う（ソテー・チキンカツなど）。

ゆで卵のいろいろ

1 蒸気マン卵（省エネゆで卵）

材　料

卵 ………… M玉・6個まで　　水 ……………… 大さじ3

① フライパンに卵をくっつかないように並べる。
② 大さじ3の水を入れてフタをする。
③ 強火2分・弱火2分、火をとめて9分で出来上がり。

2 漬けだれ煮卵

① しょうゆ100cc、みりん40cc、酒100cc、水80cc、粉末和風だしを一度煮立たせ、アルコール分をとばして冷ます。
② 半熟のゆで卵をつくり、皮をむき、漬けだれにひと晩漬ける。

3 殻付き塩味ゆで卵

① 水100ccに対し塩36gを溶かして飽和食塩水をつくる。
② 固ゆでまたは半熟のゆで卵をつくり、殻のまま5～8時間食塩水につける。

3 ご飯もの

えのき氷 / きのこ料理 / 簡単おかず / ご飯もの / 漬物・佃煮 / おやつ / ドレッシング / 付録

1 おこわ

材料 4人分

もち米	5合
市販のまぜご飯の素	

作り方

① もち米は一晩水にひたす。
② 蒸かし器に湯をわかす。
③ 布を敷いた中に、水切りをしたもち米を入れ、10分程蒸かす。
④ 強火で10分程蒸かしたら、大きな器に米を移し、混ぜご飯の素を入れてよく混ぜ合わせる。
⑤ ❸をもう一度布にもどし、蒸かし器で再び20分程蒸かす（米の様子をみながら蒸かしてよい）。
⑥ 大きな器に再びあけ、よく混ぜて出来上がり。

- ❸の段階では、米に芯が残っているくらいのほうが、炊き上がりがよい。
- もち米と食紅を一晩、あずきといっしょに蒸かすと赤飯になる。

2 味つけおこわ

材料　4人分

もち米 ………… 3合（420g）	しょうゆ …… 大さじ2と1/2
干ししいたけ ………… 2枚	みりん …………… 大さじ2
かまぼこ ……………… 30g	酒 ………………… 大さじ1
油揚げ ………………… 2枚	
にんじん ……………… 30g	**しと**
ごぼう ………………… 30g	煮汁＋水 ………… 1カップ
あさり水煮缶（小）…… 30g	

作り方

① もち米は洗って一晩、水に浸しておく。
② しいたけは水にもどしておく。
③ 具をつくる。しいたけ、油揚げは4切りにする。にんじん、ごぼうはささがきにする。
④ しいたけの戻し汁＋水で煮る。やわらかくなったら、いちょう切りのかまぼこ、あさり、調味料を加えて煮る。
⑤ ❹の具と汁を分ける。
⑥ もち米を蒸かし器で蒸かす。強火で30分蒸かし、大きめのボウルに移す。
⑦ 具と、しと1カップを入れ全体をよく混ぜ、蒸かし器に入れて数分蒸かす。

3 笹寿司

材料　4人分

米 …………… 5カップ	さば水煮 …………… 1缶
笹の葉 …………… 40枚	卵 …………… 3個
	むきくるみ …………… 60g
合わせ酢	紅しょうが …………… 60g
酢 …………… 2/3カップ	砂糖 …………… 大さじ4
砂糖 …………… 大さじ5	油 …………… 大さじ4
塩 …………… 小さじ2	干ししいたけ …………… 4枚

味噌漬け …………… 70g

作り方

① 米は1割増の水で炊く。寿司飯を作る。
② 干ししいたけはもどしてせん切りにしておく。
③ 味噌漬けは粗みじん切り、くるみも粗く切る。
④ フライパンに油を熱し、味噌漬け、しいたけを炒め、水けをきったさばの水煮を入れ、砂糖で味を調える。冷めたら、くるみを入れる。
⑤ 卵は、砂糖を少々入れ、うす焼き卵を作り、せん切りにする。
⑥ 笹に寿司飯をのせ、さらに具、紅しょうが、卵をのせて、笹をだんだんに重ね、上から軽く押す。

point 合わせ酢はAコープのらっきょう酢を使用しても可。

4 ちらし寿司

材 料　4人分

米 ……………………… 4合	具
水 ……………… 1割増し、	梅漬 ………………… 4個
あるいは米と同量	枝豆 …………… 8〜10さや
酒 ………………… 大さじ1	ぶなしめじ …………… 70g
	にんじん ……………… 1/2本
合わせ酢	かまぼこ（小）………… 1個
砂糖 …………… 1/3カップ	
塩 ………… 大さじ（半分）	
酢 ……………… 1/4カップ	

作り方

① 米は炊く1時間前に洗っておく。
② 酒と水を入れて炊く。炊きあがったら、ボウルか飯桶にあけて、熱いうちに合わせ酢を入れ、素早く混ぜ合わせる。
③ 枝豆はゆでて、さやから出しておく。
④ ぶなしめじ、にんじんは食べやすい大きさに切って、しょうゆ・大さじ1：砂糖・大さじ1：水・1カップの割合で煮ておく。
⑤ かまぼこ、梅は食べやすい大きさに切っておく。
⑥ 具を混ぜ合わせて出来上がり。

point　合わせ酢はAコープのらっきょう酢を使用しても可。

5 ちまき

材料　4人分

もち米 ……………	2カップ

具

もち米 …………… 2カップ

具
豚肉 ………………… 100 g
たけのこ …………… 100 g
にんじん …………… 50 g
しいたけ …………… 3枚

A ⎰ しょうゆ ……… 大さじ2
　　砂糖 ………… 大さじ1
　　酒 …………… 大さじ1
　　しいたけ戻し汁
　　………… 1と1/2カップ
　　（コンソメでもよい）

作り方

① もち米は8時間水に浸す。
② みじん切りにした具と**A**を合わせて炒め、1/2の量にする。
③ もち米を炒める。
④ ❷と❸を合わせて竹の皮かアルミ箔で包む。
⑤ 25〜30分蒸す。

6 黒豆寿司

材料　4人分

米 …………………… 2合	らっきょ酢（Aコープ）
黒豆 ………… 〜1/2カップ	…………………… 50cc
（好みの量で）	

作り方

① 米は洗ってザルにあげ、通常の分量の水に浸して30分くらい置く。

② 黒豆は布きんで汚れをふきとり、弱火でひびが入るくらいまで煎って、❶に入れ、炊く。

③ 炊き上がったご飯に、らっきょ酢をふりかけ、混ぜ合わせて寿司飯の完成。

 point　きれいなピンク色になります。

7 鶏肉入り黒豆ごはん

材料　4人分

黒豆 …………………… 約50g	みりん ………… 小さじ2
米 …… 2カップ（約300g）	A　酒 ……………… 小さじ2
鶏むね肉（皮なし）…… 100g	塩 ……………… 小さじ1
酒 ………………… 大さじ1	

青のり　少々

作り方

① 黒豆はザッと洗って、2カップの水（分量外）に浸して、半日置く。
② ❶をつけ汁ごと火にかけ、煮立ったら5～6分ゆでて冷ます。
③ 鶏肉は1cm角に切り、酒をふっておく。
④ 黒豆をゆでた汁に水を加えて2カップにし、Aを加え混ぜる。
⑤ 炊飯器に洗った米、黒豆、鶏肉を入れ、❹を加えて炊き上げる。器に盛り、青のりを散らす。味が薄いようなら少し塩をふる。

8 お麩の鶏そぼろ丼

材料　4人分

A
- 鶏ひき肉 ……… 200g
- しょうゆ …… 大さじ1
- はちみつ …… 大さじ1
- しょうが（すりおろし）
  ……………… 小さじ2

- 水 ……………… 2カップ
- きざみ昆布 ………… 5g
- 麩 …………… 40g位
- 玉ねぎ …………… 1個
- かつお節 …………… 5g
- 紅しょうが ……… 適量

B
- しょうゆ …… 大さじ4
- みりん ……… 大さじ4
- 酒 …………… 大さじ4

作り方

① フライパンにAの材料を入れて、木ベラなどで混ぜ合わせる。
② ❶を火にかけて炒める。
③ ❷を水に加え、きざみ昆布、Bの調味料も加える。
④ ❸に麩を加える。味がしみ込みやすいよう麩を手で少し握るようにして加える。玉ねぎも入れて再び火にかけ、フタをして5〜6分煮る。
⑤ ❹にかつお節を加えて、サッと混ぜる。
⑥ 器にご飯を盛り、❺をかけ、紅しょうがをのせる。

9 桜えびの炊き込みご飯

材料　4人分

米	2合	塩	小さじ1/4
水	適量	白ごま	小さじ1
桜えび	8g	万能ねぎ	2本（8g）

作り方

① 米は手早く洗い、炊飯器の目盛りに合わせて水を入れる。桜えびは熱したフライパンで焦がさないようにサッと煎り、炊飯器に入れて炊く。

② 炊きあがったら、ざっくりと混ぜ、器に盛りつける。塩をふり、白ごま、小口切りにした万能ねぎを散らす。

10 パーティーカップご飯

材料　4人分

炊き込み五目ごはんの素 ……………………… 1箱		A	ウインナー きゅうり さやえんどう いくら	…… 適量
米 …………………… 3合				
卵				
桜でんぶ				

作り方

① お米に五目ごはんの素を加えて普通に炊く。
② 錦糸卵を作る。
③ 透明カップにごはんと桜でんぶを交互に重ねて詰める。
④ 錦糸卵を敷き、Aの具材（ウインナー、きゅうり、さやえんどうは1cm幅に切る）を彩り良く飾る。

- お子さんといっしょに作ると楽しい!!
- お好みの具材をのせても良い。

11 おやき皮

材料 4人分（約15個分）

薄力粉 …………………… 500g	ベーキングパウダー ….. 大さじ2
湯 ……………… 250〜300cc	塩 ……………………… 少々
砂糖 ……………… 大さじ3	
油 ………………… 大さじ3	

作り方

① 材料すべてを混ぜ、よくこねる。
② 好みの具材を包みこむ。

12 はやそば

材料　4人分

大根 …………………… 200g	ねぎ …………………… 適量
	海苔 …………………… 適量
｛ そば粉 ……………… 100g 　水 ………………… 1カップ	だしつゆ ……………… 適量
｛ 天ぷらの衣くらいの感じで 　溶いておく	

作り方

① 2カップの水で、せん切りにした大根を煮る。歯ごたえがある程度に。
② ❶の鍋に、大根にからめるように水溶きしたそば粉を入れる。
③ 透き通るまでよくかき混ぜる。
④ 適量をお椀にとり、薬味のねぎと海苔をのせて、だしつゆをかけて食べる。

point わさびを添えれば、いっそうおいしい。

13 サラダ風冷やしめん

材料　4人分

冷麦またはそうめん ‥‥ 240g	卵 ‥‥‥‥‥‥‥‥‥‥ 2個
トマト ‥‥‥‥‥‥‥‥ 大1個	しょうゆ ‥‥‥‥‥ 大さじ1
きゅうり ‥‥‥‥‥‥‥ 1本	砂糖 ‥‥‥‥‥‥‥‥‥ 少々
ハム ‥‥‥‥‥‥‥‥‥ 4枚	めんつゆ ‥‥‥‥‥‥‥ 適量
きのこ（しいたけかぶなしめじ） ‥‥‥‥‥‥‥‥‥‥ 100g	

作り方

① 市販の冷麦（またはそうめん）をゆでて、冷水にさらし、ザルにあげ水をきる。
② トマトを4等分に切る。きゅうりは細びき、ハムは半分に切る。
③ きのこは水1カップにしょうゆと砂糖で煮る。
④ 卵はゆでて4等分か卵焼きで細く切る。
⑤ ❶に❷❸❹を彩り良くのせる。
⑥ めんつゆで食べる。

14 パエリア

材料　4人分

お米 ………… 3合（450g）	パプリカ …… 1/4個（40g）
パエリアの素 ……… 1パック	塩ゆでいんげん豆 ……… 5本
	しめじ ……………… 100g
シーフードミックス …… 200g	

作り方

① 炊飯器にお米とパエリアの素を入れ混ぜる。シーフードミックス、しめじを上にのせ、そのまま炊く（スープの量が目盛りまでなくても、水は加えないこと）。

② 炊きあがったら野菜をのせ、フタをして10～15分蒸らす。お好みの加減になったら、軽く混ぜて出来上がり。

15 カツ丼

材料　4人分

しょうゆ …………… 100cc	卵 ………………… 4個
砂糖 ………………… 100g	酒 ……………… 小さじ1
中濃ソース ……… 小さじ1	玉ねぎ …………… 30g
カツ ………………… 4枚	水 ………………… 70cc

作り方

〈たれ〉

① 玉ねぎはスライスする。
② カツと卵以外の材料を鍋に入れ、煮立たせたら火をとめる。
③ お玉に八分目のたれを小鍋に入れる。

〈カツ丼1人分〉

④ ひと口大に切ったカツを入れ、卵1個を2、3回ほぐして、箸に伝わせて入れる。鍋に残ったたれはもどす。
⑤ ご飯にのせて、出来上がり。

4

漬物・佃煮

漬物の基礎知識

● 漬物とは

　漬物とは、塩・砂糖・味噌・しょうゆ・酢・酒粕・ぬか・香辛料などを使い、野菜やくだもの、肉や魚を漬けて加工したものを指します。野菜を塩・砂糖・味噌・しょうゆ・酢・酒粕などで漬けると、浸透圧の働きで細胞から水分がしみ出て繊維がしんなりしてきます。これが漬かった状態で、さらに野菜からしみ出た成分を栄養源に乳酸菌等が発酵して独特の風味が出てきます。

　保存性が良くなるのは、高い浸透圧が腐敗菌の活動を抑えるためです。漬物は、たくあん漬けを例にとると、野菜と塩の浸透圧の差によって野菜から水分が引き出されることによって保存性が高まる作用と野菜から引き出された水分とぬかによる乳酸菌によって、うま味が増した食品です。

● 塩　分

　塩分が濃いほど保存性が増しますが、最近の健康志向によって塩分控えめ漬物が好まれるようになったので、冷蔵保存の必要が生じてきました。

　漬け込む期間で次のように分類されます。

1　早漬け・浅漬け…漬け込み期間の比較的短いもの
　（1）即席漬け ……………………………………………… 2～3時間
　（2）一夜漬け ……………………………………………………… 一晩
　（3）当座漬け ……………………………………………… 2～10日間
2　ひね漬け・古漬け …………………………… 漬け込み期間の長いもの
　・保存漬け …………………………………………………… 1か月以上

● 漬物の種類

　塩漬け、ぬか漬け、こうじ漬け、わさび漬け、しょうゆ漬け、酢漬け、ぬか味噌漬け、味噌漬け、粕漬け、ビール漬けなどがあります。

〔しなの食文化研究会編『四季の簡単100レシピ』（ほおずき書籍）より〕

1 赤カブの酢づけ

材料 2人分

赤かぶ	5 kg	酢	900 cc
塩	200 g	砂糖（ザラメ）	400〜500 g

作り方

① かぶは半分に切る（大きなものは、1/4に切る）。塩をふり、倍の重石をのせて、3日間程度漬ける。
② ザルに上げ、よく水をきる。
③ 酢とザラメを煮立て、冷めたらかぶにかけて、軽い重石をする。
④ 1か月位で食べられる。

2 甘梅干しの漬け方

材料

梅 …………………… 4 kg	氷砂糖（または砂糖）…… 1 kg
塩 …………………… 400 g	しその葉 ……………… 2 kg
酢 …………………… 1 ℓ	

作り方

① 少し色づき始めた梅をよく洗い、梅4kgに対して塩200gを用意する（残りの200gはしそをもむ時に使う）。

② ❶の梅と塩を器に入れ、ひたひたになるくらいの水に入れてよくかき混ぜ、1週間～10日漬けておく（毎日かきまぜる）。

③ ❷の梅は天気の良い日に2～3日干す。

④ 梅のほこりを取るため、また消毒にもなるので、大きな鍋にお湯を煮立て、梅をザルに入れて沸騰した湯にくぐらせて、すぐに上げる。

⑤ 梅を容器に入れ、氷砂糖、しそを入れる。

⑥ 酢を加える。1か月位で食べられるようになる。

※ しそのもみ方
しそは洗って、塩でもむ。最初の水は捨てる。

point 塩水に浸す時間は、小梅の場合は5～7日位、干し時間も短めでよい。

3 完熟梅の梅干し

材料

完熟梅 …………………… 10kg	氷砂糖 ………………… 1.5kg
ホワイトリカー ……… 900ℓ	（はちみつでも良い。好みでもう少し多めでもよい）
米酢 …………………… 900ℓ	
塩 …………… 1kg（1割）	

作り方

① 梅は洗ってヘタを除き、すぐ樽に入れる。
② 同時に上記の材料も一緒に漬け込む。完熟梅であれば重石がなくても一晩位で液が上がる。
③ 漬ける日数は2週間（長くてもかまわない）。時どき揺らして混ぜる。
④ 土用干しは1日か2日で止める。
⑤ 適当な容器で保存。1か月以上寝かしたほうがおいしい。梅酢は甘めなので「しょうがの甘酢漬け」等にも使える。

梅漬け ①

材料

梅	2 kg	酢	600〜800 cc
塩	200 g		
ザラメ	600 g		

作り方

かたい梅より、少し黄味がかり始めた梅のほうがよい。

① 梅は半日、水でアク抜きをする。
② 材料をすべて合わせ、一度に漬ける。梅が浮き上がらないように軽い重石（500 g位）をする。
③ 黄色になった梅を後から少しずつ足して漬けてもよい。
④ 土用に3日3晩干しても可。

1か月ほどで食べられる。

5 梅漬け ②

材料

梅	4 kg	酢	3カップ
塩	3カップ	砂糖	1 kg
焼酎	3カップ		

作り方

① 一晩水に浸けてアクを抜く。
② 塩3合で1週間漬ける。ザルにあげる。
③ ❷を容器に移し、焼酎・酢・砂糖を加える。

6 かつお梅

材料

梅（完熟したものが良い）… 1kg	砂糖 …………………… 150g
塩 …………………… 100g	花かつお ……………… 30g
酢 …………………… 50cc	しそ ……200g（半分でも可）
焼酎 ………………… 100cc	

作り方

① 梅を5時間位、水に浸ける。
② 梅に塩をまぶし、花かつお以外を入れる。
③ 土用に3日3晩干す。
④ 花かつおは梅を干してから混ぜる。

7 きゅうりのからし漬け

材料

きゅうり ……………… 1 kg

A ｛ 砂糖 ……………… 200 g
　　塩 ………………… 40 g
　　からし粉 ………… 20 g ｝

作り方

① きゅうりを大きめの拍子木切りにしておく。
② Aを混ぜ合わせ、きゅうりと漬け込む。
③ 押しブタをし、1 kgの重石をのせる。

 一夜漬でも食べられます。

8 きゅうりのビール漬け

材料

きゅうり	約 2.5 kg（22～25本位）	砂糖	400 g
ビール	350 ml（1本）	塩	100 g

作り方

① きゅうりを1.5～2cm幅の斜め切りにする。
② 密閉できるビニール袋に材料をすべて入れ、手でもんでよく混ぜ、冷蔵庫に入れる。
③ 一晩たてば食べられる。途中、液に漬かるようにきゅうりをもみかえす。

9 ゴーヤの漬物

材料　4人分

ゴーヤ ………… 2〜3本	A ┃ ザラメ ………… 180g
さきいか ………… 70g	┃ しょうゆ ……… 180cc
	┃ 酢 …………… 90cc

作り方

① ゴーヤは縦半分に切り、ワタを取りのぞいて3mm位に切る。
② ボウルにゴーヤとさきいかを入れ、Aを加えて混ぜる。
③ ザラメが融けて半日程置いたものが食べ頃。

ザラメはお好みで少なめでも可。

10 奈良漬け

材料

〔下漬け〕
- 白うり ……………… 4 kg
- 塩 ……………… 15〜20％

〔本漬け〕
- 酒粕 ……………… 3.5 kg
- 砂糖 ……………… 1 kg
- 焼酎35度 ………… 1カップ

作り方

〔下漬け〕
① うりは縦半分に切って種をとる。切り口に塩を丁寧に塗りつけ、船の中にも8分目ぐらいの塩を入れて、上向きで一晩漬ける。

〔本漬け〕
② 水が上がったうりを軽くふき、新聞紙を厚く敷いて下向きで半日〜1日おき、水けをとる。
③ 酒粕に砂糖、焼酎をこねるようによく混ぜる。
④ 容器に粕を多めに敷き、うりを下向きにして並べ、うりとうりがくっつかないようにしながら、粕をのせて、うり、粕と交互に重ねていく。最後に多めのかすをのせてラップをかぶせ、密封して保存する。3か月ぐらいしたら食べ頃になる。

11 新しょうがの甘酢漬け①

材料　4人分

新しょうが	500 g	みりん	大さじ2
塩	小さじ2	白砂糖	大さじ6
酢	180 cc		

作り方

① 新しょうがをよく洗い、薄く切る。
② 煮立っているお湯にくぐらせて、ザルにあげ、塩小さじ2杯をふりかけて全体にまぶす。
③ 酢、みりん、白砂糖を煮立てて冷ます。
④ しょうがに❸を注ぎ、漬けこむ。
⑤ 冷蔵庫で保存。

12 新しょうがの甘酢漬け②
（自家製ガリ）

材 料

新しょうが ………… 500 g	水 ………………… 200 cc
酢 ………………… 200 cc	砂糖 …………… 100〜150 g

作り方

① しょうがは薄く切り、熱湯で30秒位ゆでる。
② 甘酢材料を火にかけ、砂糖をよく溶かす。
③ ゆでたしょうがを熱いうちに甘酢に入れる（甘酢は熱くても冷めていても良い）。

13 生大根で漬ける たくあん漬け

材料

下漬け
生大根 ················ 10 kg
塩 ···················· 600 g

本漬け
ザラメ ················ 1.5 kg
酢 ···················· 1合
黄粉 ········ 少々（このみで）

❶り方

① 大根は1回に食べられる大きさに丸のまま切って塩と交互に漬ける（重石はちょっと重めに）。
② 10日間位漬けたものがちょうど良い具合。
③ 塩漬けした大根をザルにあげ、水をきる。
④ ❸をザラメ、酢、黄粉、大根と交互に漬ける（重石は、軽くて良い）。
⑤ 翌日には水があがり始める。1か月位したら食べられる。

14 大根を干さずに漬ける たくあん漬け

材料

大根 ……………… 10〜12kg

A { 酢 ……………… 1000 cc
 赤ザラメ ………… 1 kg
 米ぬか …………… 3 kg }

A { 味噌 ………… 茶碗1杯
 たくあん漬けの素 … 1袋
 唐辛子 …………… 少々
 水 ……… 1800〜2700 cc }

作り方

① Aをべたべたになるまでよく混ぜる。
② 大根一本一本に塗りつけて容器に並べる。
③ 大根と同じ重さの重石をのせる。
④ 2、3日たったら半分の重石にする。
⑤ 1か月位で食べられる。

15 大根のハリハリ漬

材料

大根 ……………… 2 kg		しょうが（せん切り）…… 適量
		塩昆布 ……………… 適量

A ｛ 砂糖 …………… 300 g
　　 しょうゆ ………… 260 cc
　　 みりん …………… 60 cc
　　 酢 ……………… 60 cc

作り方

① 大根はいちょう切りで、太ければ厚さは1.5cm位、細ければ同じくいちょう切りで厚さ2cm位に切る。
② しょうが、塩こんぶを大根にまぜる。
③ Aの調味料を煮たて、冷めたら大根にかける。水がたくさん出て来て、2～3日頃から食べられる。
④ 出来上がりは、干して漬けたようになる。

16 大根の酢漬け

材 料

生大根	10 kg	砂糖	400〜500 g
塩	400 g	（多めに）	
酢	2〜3合	色粉	色付けは好みで

作り方

① 生大根を塩で2〜3日漬ける。
② 漬け汁を捨てる。
③ 大根を並べ、砂糖をふる。これを繰り返す。
④ 酢と色を混ぜて、周りから入れる。
⑤ 1週間位で食べられる。

17 たくあん漬け

材 料

大根 …… 10kg（干したもの）	赤とうがらし（干したもの）
塩 ………………… 3合	………………… 適量
じょうげん ………… 50g	干しなすの葉
（1袋全部入れて良い）	干し柿の皮
こぬか ………… 1.25kg	干した大根の葉

作り方

① 大根を弓なりに曲がるまで干す。
② 塩、こぬか、じょうげんを混ぜる。
③ こぬか・大根（すきまなくならべる）・こぬか・干しなすの葉・干し柿の皮・大根…と漬ける。最後にこぬかを多めに入れる。赤とうがらしは適当に入れる。
④ 一番最後に大根の葉を並べ、フタのようにする。
※ 最初は重石は重く、水があがったら軽くする。

18 丸なすのからし漬け①

材料

丸なす	1kg	酢	1/3カップ
砂糖	300g	みりん	1/3カップ
からし	100g	塩	130g

作り方

① なすは皮を付けたままひと口大（1〜1.5cm位）に切る。
② 調味料を全部ボウルに入れ、混ぜ合わせ、なすも入れてよく混ぜる。
③ かめ等の容器に入れ、柿の葉をフタにして上に重石をしておく（風にあたらないよう）。
④ 色が変わらないように重石をのせ、汁があがっているようにする。

19 丸なすのからし漬け②

材料

丸なす ………………… 20個	砂糖 ………………… 1kg
水 ……………………… 8合	からし ……………… 100g
塩 ……………………… 3合	なす漬けの素 ……… 適量

作り方

① なすは半分に切って、なす漬けの素を切った面につける。
② 水と塩を煮て冷まし、2日間漬ける。
③ なすを1〜2分脱水する。
④ 砂糖と湯で溶いたからしを混ぜた中へ❸を入れて漬け込む。

20 丸なすのからし漬け③

材料

丸なす …………………… 1 kg	〔本漬け液〕
酢 ……………… 1/2カップ	みりん …………… 1カップ
塩 ………………… 130 g	砂糖 ………………… 300 g
	からし粉 …………… 50 g

作り方

① いちょう切りにし、ひたひたの酢水の中で30分、アクを抜く。
② アク抜きした丸なすを3時間塩漬け。
③ なすを良く絞り、本漬け液を混ぜて漬け込む。

21 野沢菜のからし漬け
(切りづけ)

材料

野沢菜 ……………… 10kg	みりん ……………… 2カップ
しょうゆ ……………… 1升	からし粉 ……………… 200g
砂糖 ……………… 800g	
酢 ……………… 2カップ	

作り方

① しょうゆ、砂糖、みりんを煮立て、火をとめてから酢とからし粉を混ぜて漬け汁を作る。
② 切った野沢菜を器に入れ、冷えた汁を上からかけ、かき混ぜる。
③ 重石をのせる。翌日には水があがり、1週間位で食べられる。
④ ちょっと甘味もあっておいしく、長期間、味は変わらない。

22 うすみどりフキの甘酢漬け

材料

フキ	300g	砂糖	300g
塩	少々	酢	1/4カップ（50g）

作り方

① フキを鍋の大きさに切って、濡れているフキに塩をすりこみ、たっぷりの湯でゆで、水にさらし、冷めたら皮をむいて、5〜6㎝に切る。

② 銅の鍋にフキと同量の砂糖を入れて、味付けと共に防腐殺菌を兼ねて少し煮立て、塩で味を調え、火をとめ冷ます。

③ ❷へ酢を煮立て冷ましたものを、フキにかけて、容器に入れる。

- 材料のフキは、春一番に収穫したもの、またはお盆近くの再び伸びたものを使うと良い。
- 銅鍋を使うことでうすみどりになる。

23 福神漬け
―多く収穫した野菜を塩漬けして利用―

材 料

塩漬け野菜
- なす ……………… 10個
- きゅうり ………… 20本
- みょうが ………… 30個
- しその実 ………… 1カップ

生野菜
- 大根 ……………… 3本
- にんじん ………… 3本
- しょうが（大）…… 1個

- ごぼう（中）……… 2本
- れんこん ………… 3節

A
- しょうゆ ……… 4カップ
- 砂糖 …………… 300g
- みりん ………… 1カップ
- うま味調味料 … 大さじ2

※調味料は、材料をしぼった後の全体の重さ2kgに対しての分量

作り方

① 塩漬け野菜
　なすは半月切り、きゅうりは輪切り、みょうがは2つ割り、しその実は塩抜きして水けをきる。
② 生野菜の大根、にんじんはいちょう切り、しょうがはせん切り、ごぼうはささがきにしてアクを抜く。れんこんは皮をむき、いちょう切りにしサッとゆでる。
③ ❶❷を霜降り程度の塩をまぶして重石をする。
④ 5～6日後、全部の材料を脱水する。
⑤ Aを煮立てて❹にかける。

24 ゴーヤの佃煮

材料

ゴーヤ ················ 500g	かつお節 ················ 10g
	白ごま ················ 適量
A { しょうゆ ··········· 50cc	
砂糖 ··········· 20〜100g	
酢 ················ 40cc	

作り方

① ゴーヤを2㎜位に切り、熱湯でサッとゆでる。
② 水けを切り、**A**で中火で煮る。
③ 最後にかつお節、白ごまを加える。

point　ジャコやしょうがを入れても
　　　おいしい。

25 小女子とクルミの佃煮

材料

A
- 小女子 …………… 50g
- 削り節 …………… 50g
- くるみ …………… 100g
- 塩昆布 ………… 25〜30g
- 白ごま ………… 25〜30g

B
- しょうゆ ………… 25cc
- 酢 ………………… 25cc
- みりん …………… 50cc
- 砂糖 ……………… 80g

C
- マーガリン ………… 小さじ1/2
- はちみつ ……… 大さじ1

作り方

① Bを煮立てる。
② Aを❶に入れて汁が少なくなるまで煮つめる（小女子は❶に入れる前に水洗いしたほうが良い）。
③ 火をとめてCを入れて和える。

保存食にできます。

26 新しょうがの佃煮

材料

新しょうが …… 800〜1200g	酢 ………………… 大さじ1
酒 ………………… 1カップ	かつお節 ………… 3パック
しょうゆ ………… 1カップ	（10〜12g）
ザラメ ……………… 250g	白ごま ……………… 適量
みりん ………… 1/2カップ	

作り方

① 新しょうがはきれいに洗い、薄くスライスし、沸騰した湯に入れて10分程ゆでてザルにあげ、水けをよくきる。
② 鍋に酒、しょうゆ、ザラメ、みりんを入れ煮立て、❶のしょうがを入れ、中火で時々箸で混ぜながら煮る。
③ 煮汁が少なくなってきたら火を弱め、かつお節を3回に分けて入れ、さらに汁気がなくなるまで煮詰める。
④ 最後に酢、白ごまを入れて、混ぜ合わせて出来上がり。

小分けにして冷凍保存できます。

27 フキの甘煮

材料

フキ …………… 1 kg	しょうゆ ………… 170 cc
砂糖 …………… 250 g	酒 ………………… 90 cc

作り方

① フキは下の太い部分と上の細い部分を切り、上下余り差がないようにする。
② 4〜5cmに切り、水洗いしてから1時間位ゆでる。
③ ゆであがったら、フタをしたまま一晩置く。
④ もう一度よく水洗いしてから水けをきり、煮汁に入れ、汁けがなくなるまで煮つめる。

28 きゅうりの佃煮

材 料

きゅうり ……………… 3 kg	みりん ………………… 50 cc
しょうが … 100 g（せん切り）	塩昆布 …………… 50〜60 g
砂糖 ………………… 150 g	
塩 …………… ひとにぎり	**好みで**
しょうゆ …………… 150 cc	たかのつめ
酢 ………………… 200 cc	白ごま

作り方

① きゅうりは2mm程の輪切りにする。
② ひとにぎりの塩で一晩塩漬けする。
③ 塩漬けのきゅうりの水切りをする。布袋等に入れ、洗たく機の脱水でしっかり水分をきる。
④ しょうが、砂糖、しょうゆ、酢、みりんを鍋に入れ、きゅうりといっしょに強火で水分がなくなるまでかき混ぜながら煮る（弱火だと歯ごたえが悪くなる）。
⑤ 水分がなくなったら火をとめ、そのまま2〜3時間置く。冷めたら塩昆布を入れ、混ぜる。

5

おやつ

1 青ブキ菓子

材料

里ブキ ┐
砂糖　 ┘ ……………… 同量

作り方

① 里ブキをゆでる。
② 皮をむいて水にさらし、5cm位に切る。
③ ザルで水切りし、フキの重さの1/3の砂糖とフキを中火で20～30分煮る。30分煮たフキをザルに移し、煮汁を捨てる。
④ 残りの半分の砂糖で、もう一度20～30分煮る。
⑤ 2回目の煮汁を捨てる。
⑥ 最後に残りの砂糖をからめて出来上がり。

- 砂糖の煮汁を捨てるのが、もったいないようですが、いつまでも煮ていると大変です。そうしたほうが時間も少なく、良くできると思います。きれいな緑色に仕上がります。
- 食紅（緑）を少し入れると、もっときれいにできます。

2 炊飯器でつくる甘酒

材料　4人分

糀	500g	60℃くらいの湯	500cc
ご飯	500g		

作り方

① 糀菌が死なないよう、温度（60℃くらい）に気をつけて混ぜる。
② 炊飯器で4時間保温して出来上がり。

※ 時間をかけすぎるとすっぱくなる。

 point 夏は冷蔵庫で冷やして、冬は温めて好みの濃さに薄めてどうぞ。

3 炊飯器でつくる梅ジュース

材料

梅	1 kg
砂糖	500 g

作り方

① 梅と砂糖を炊飯器で一昼夜保温すれば出来上がり。
② 好みに薄めて飲む。

- 梅は黄色くなったものが、たくさん汁が出やすい。青い梅が入れば甘すぎない酸味を感じられるものが出来る。

4 芋もち

材料 4人分

さつまいも ………… 200g		片栗粉 ……… 大さじ1と1/2
A { 砂糖 …………… 80g 　　塩 …………… 少々		きな粉 …………… 適量

作り方

① さつまいもは、1cm位の輪切りにして皮をむいて水にさらす。
② 水けを切ってラップに包み、電子レンジで5〜6分加熱してつぶす。
③ 鍋に❷のさつまいも、A、水1/2カップを入れて混ぜ、弱火にかけ、木ベラでかき混ぜながらもったりするまで練る。
④ バットなどにきな粉を多めに入れ、❸をスプーンですくって丸め、きな粉をまぶす。

5 いちじくの煮方

材料

いちじく	2kg	重そう	大さじ1/2
砂糖	400g		
酢	180cc		

作り方

① ひたひたの水に大さじ1/2の重そうを入れて、あく抜きのため、いちじくを煮る。
② ❶をザルに上げてサッと水洗いして、砂糖と酢を入れ中火で30分煮る。
③ 火をとめ、冷めてからまた30分煮る。

● びん詰めにしたり、保存袋に入れて冷凍しても良い。

6 カフェオレパン

材料　4人分　食パン1斤分

強力粉 ………………… 250g	インスタントコーヒー … 5g
塩 …………………… 4g	牛乳 ………………… 70cc
砂糖 ………………… 25g	水 …………………… 100cc
無塩バター ………… 30g	ドライイースト ……… 3g

作り方

① ホームベーカリーに材料をすべて入れ、スイッチを入れる。

7 簡単チーズケーキ

材料　4人分

A { ビスケット ………… 5枚
　　バター ……………… 30g

B { クリームチーズ …… 200g
　　砂糖 ……………… 70～60g
　　卵 ………………… 2個
　　レモン汁 ………… 少々

作り方

① クッキングシートを敷いた上に、ビスケットを砕いてバターと混ぜ、フライパンに敷きつめる。
② Bを混ぜ合わせる。
③ ❶のフライパンに流し入れ、フタをして弱火で焼く。

8 生キャラメル

材料　4人分

A
- 牛乳 …………… 150cc
- グラニュー糖 …… 120g
- ハチミツ ………… 10g
- 水あめ …………… 10g
- バニラビーンズ …… 少々

B
- 生クリーム ……… 200cc
- バター …………… 20g

作り方

① Aを鍋に入れ、弱火で煮る。
② 溶けたらBを加え、煮詰める。
③ クッキングシートを敷いたバットに流し入れる。冷めて固まってきたら、食べやすい大きさにカットする。

point　カットした後、くっつきやすいので、一個ずつラップやパラフィン紙で包む。きな粉をまぶしても良い。

9 げんこつあめ

材料　4人分

きなこ …………… 200g	A	水あめ ………… 200g
すりごま ………… 50g		砂糖 …………… 70g
		塩 ………… 小さじ1/2
		水 ………… 大さじ2

作り方

① Aを煮立たせる。
② ❶にきなこ・すりごまを入れ練る。
③ バットにクッキングシートを敷き、Aを流し入れ、平らにのばす。
④ 冷めたら切り分け、好みの形に切りねじる。

point　なつかしい味です。

10 コーヒーういろう

材料　4人分

空の牛乳パック …… 1本分	インスタントコーヒー
小麦粉（薄力粉）…… 100g	………………… 小さじ2
水 ………………… 300cc	
砂糖 ………………… 80g	

作り方

① インスタントコーヒーは、分量外の水、少々で溶いておく。
② ボウルに水、小麦粉をダマにならないようによく混ぜ、さらに砂糖を入れてよく混ぜる。その後、❶を入れて混ぜ、牛乳パックに入れる。
③ 電子レンジ（600W）で約8分加熱する。
④ レンジから取り出し、冷めてから切り開き、好みの大きさに切る。

11 さつまいものレモングラッセ

材料　4人分

さつまいも	…… 500〜700g（約4本）	砂糖	…………… 1カップ
レモン	…………… 1個	塩	…………… 小さじ1/3

作り方

① さつまいもをたわしで洗い、1.5cmくらいの輪切りにし、水に30分程浸けてアクを抜く。

② ❶をそのまま中火にかけ、沸騰したらゆで汁を捨て、かぶるくらいの水を加えて沸騰させ、ゆで汁を捨てる。これを2〜3回繰り返す。

③ レモンは表面をたわしでこすりながら水洗いし、薄い輪切りにする。

④ さつまいもを鍋に入れ、ひたひたの水を加え中火にかけ、砂糖を4分おきに3回に分けて加える。レモン、塩を加えて、中火で煮汁がなくなるまで煮含める。

point　砂糖の量は好みに合わせて調整。火加減は、強火だとさつまいもがくずれることがある。さつまいもは皮のやわらかい新物を使用。

12 しそジュース

材料

しそ ･･････････････ 350g （赤じそ・青じそ、どちらかまたは混合。軸付きで良い） 水 ･･････････････ 2ℓ （大きいペットボトル1本分）	砂糖 ･･････････ 1kg（1袋） クエン酸 ･･････････････ 25g

作り方

① 収穫したしそをよく水で洗う。
② 沸騰した湯にしそを入れ、アクを取りながら10〜15分、煮出す。
③ しそを取り除く。
④ 砂糖を入れ、弱火で溶かす。
⑤ クエン酸を入れる。
⑥ 自然に冷まし、ガーゼなどでこして、びんやペットボトル等に詰める。
⑦ 水や炭酸水で好みの濃さに割る。

13 じゃがいもモチ

材料　4人分

じゃがいも（大）	6個	片栗粉	大さじ10
塩	小さじ1/2	砂糖	大さじ2
バター	大さじ4	しょうゆ	大さじ1
油	適量		

作り方

① じゃがいもの皮をむいて、8つ切りにしてゆでる。
② ゆで上がったら一度湯を捨て、再び火にかけ、粉ふきいもにする。
③ ❷にバターを入れ、なめらかになるようにいもをつぶす。そこへ塩、片栗粉を入れ、むらなく混ぜる。
④ 8個に分け、小判型に丸め、油を敷いたフライパンで焼く。
⑤ 砂糖、しょうゆにからませて出来上がり。

14 スノーボールクッキー

材料

A ｛ ホットケーキミックス ………………… 150g
バター（無塩）…… 40g
砂糖 ……………… 40g
油 ………………… 20g

くるみ ……………… 適量
粉砂糖……………… 適量

作り方

① Aをボウルに入れて混ぜる。まとまらなかったら、油を加えて混ぜる。
② 小さめ（直径1cm程）に丸くして、クッキングシートに並べる。小さく割ったくるみを上に飾る。
③ オーブンを予熱170℃で12～13分焼く。
④ 冷めたら粉砂糖を振る。

15 かんたん大福餅

材料　4人分

A
- もち粉 ……………… 200g
- 水 ………………… 220g
- 砂糖 ……………… 60g

- あんこ …………… 250g
- 片栗粉 …………… 適量

作り方

① あんこを8〜10個丸める。
② Aを耐熱皿に入れラップをして、電子レンジで4分20秒、ひっくり返してさらに2分10秒加熱。
③ レンジから出した皮に片栗粉をつけながら、あんこを包む。

point　すぐ食べられますが、熱いから気をつけて。

16 玉ねぎパン

材料

8号アルミカップ ….. 30個分	玉ねぎ（中玉）………… 3個
ホットケーキミックス ‥ 400g	ツナ缶 ……………… 2缶
牛乳 ……………… 280cc	マヨネーズ …………… 少々
卵 …………………… 2個	アルミカップ ………… 30個

作り方

① 玉ねぎ1/2玉はスライス、残り2玉半はみじん切りにして電子レンジ（600W）で4～5分加熱。
② ボウルに卵、牛乳、ホットケーキミックスを入れてよく混ぜる。
③ そこへ加熱した玉ねぎを入れて混ぜる。
④ アルミカップに生地を入れて、上に玉ねぎのスライス、ツナ、マヨネーズをのせる。
⑤ 180℃に温めたオーブンで2段、15分程焼く（少し焼色がつくくらい）。
⑥ つまようじに生地がくっついてこなければ出来上がり。

17 にんじんケーキ

材料　パウンド型2本分

薄力粉 …………… 200g	卵 ………………… 3個
ベーキングパウダー	砂糖（三温糖）…… 80〜100g
………… 小さじ1と1/2	サラダ油 ………… 2/3カップ
塩 ………… 小さじ1/2	にんじん ………… 150g
シナモン …… 小さじ1〜2	ラム酒漬レーズン …… 50g

作り方

① パウンド型にバターを塗り、粉をはたくか紙を敷いておく。
② にんじんはすりおろし、レーズンは粗いみじん切りにする。
③ 薄力粉、ベーキングパウダー、塩、シナモンをあわせてふるっておく。
④ ボウルに卵と砂糖を入れ、ポッタリとするまで泡立ててから、サラダ油を加えて混ぜる。
⑤ ❹の中に❷を入れて混ぜ合わせ、さらに❸を加えてさっくりと混ぜて型に入れる。
⑥ 型の底を軽くトントンとたたいて空気を抜き、160〜170℃のオーブンに入れ30分程焼く。

18 バナナスムージー

材料　4人分

バナナ　2本

A
- バニラアイスクリーム(市販品) …………………… 60 g
- きな粉 ……… 大さじ1
- 牛乳 ………… 2カップ
- 氷 ……………… 適量

作り方

① 輪切りにしたバナナと**A**の材料をすべて合わせてミキサーにかける。

19 ピ ザ ①

材料　大2枚

A
- 強力粉 ………… 400 g
- ドライイースト … 小さじ 2
- 牛乳 ………… 220 cc
- 卵（中）………… 1 個
- 砂糖 …… 大さじ 2 と 1/2
- 塩 ………… 小さじ 1

トッピング（好みで）

B
- 玉ねぎ
- ベーコン
- ピーマン
- サラミ
- えび
- ホタテ
- シーチキン
- ピザソース
- チーズ

作り方

① 強力粉とドライイーストを混ぜる。
② 牛乳を熱し、塩、砂糖を入れ、40℃位に冷めたら卵を入れて混ぜ合わせる。
③ ❶と❷を混ぜ、手につかなくなるまでよくこねる。
③ ボウルに入れ、夏は暖かい部屋、冬はこたつに入れて発酵させる（2〜3時間）。
④ 皮をのばし、ピザソースを塗って、具とチーズものせてオーブンで焼く（200℃で15分）。

20 ピザ ②

材料　4人分

A
- 強力粉 ………… 200g
- 薄力粉 ………… 100g
- （ふるいにかける）
- オリーブ油 …… 1/4カップ
- 水 ……………… 3/4カップ
- 塩 ……………… 小さじ1/2
- ドライイースト　小さじ1

トッピング（好みで）
- ピーマン
- 玉ねぎ
- ゆで卵
- ベーコン
- トマト
- シーチキン
- ピザソース
- ピザ用チーズ

作り方

① Aを、粉っぽさがなくなるまで、よくこねる。
② 2～3個に丸めて、それぞれラップで軽く包み、冷蔵庫で1時間、寝かせる。
③ クッキングシートに打ち粉をして、麺棒で円形に伸ばし、フォークで穴をあけ、好みでピザソース、トッピング材料、ピザ用チーズなどをのせる。
④ オーブン（200℃）で焼く（3枚の場合：10分、2枚の場合：15分）。

21 フルーツ白和え

材料　4人分

豆腐　1丁
バターピーナッツ
　……… 1/2あるいは1カップ

{ 塩 ………………… 少々
{ 砂糖 …………… 大さじ2
　（好みで多めにしてもよい）

しらたき …………… 1/2

A { しょうゆ
　 { うま味調味料 …… 適量

{ みかん（小）………… 1缶
{ パイン（小）………… 1缶
　（小缶で十分。水けを除いて）

バナナ …………… 1〜2本
　（小口切りに）

作り方

① 豆腐の水分をとる（本絞りでも、サーッとゆでても、どちらでもよい）。
② しらたきはゆでて、水けをきり、**A**で下煮する。
③ すり鉢でピーナッツをよくする（油がにじみでる）。
④ 豆腐を入れ再度すり合わせる。
⑤ 用意しておいた材料を入れへらで混ぜ、好みで砂糖で味を調える。

 point　ピーナッツは塩気があるので、味付けは好みで。ピーナッツが多いといっそうおいしいよ。

22 ほろほろクッキー

材料　4人分

バター	100g	ベーキングパウダー	大さじ1/2
砂糖	50g	バニラエッセンス	少々
薄力粉	200g	粉砂糖	適量
くるみ	100g		
（粗みじんに切っておく）			

作り方

① 粉砂糖以外の材料を全部混ぜ、小さなボール状に丸める。
② 190℃のオーブンで15分焼く。
③ 冷めたら粉砂糖をまぶす。

23 みかんの皮の砂糖煮

材料　4人分

みかんの皮（甘夏、はっさく、グレープフルーツなど）
砂糖 …………………………… みかんの皮の目方と同量
グラニュー糖 ………… 適量

作り方

① みかんは丸のままピーラーで表皮をむく。使うのは中の白い部分。
② 皮は食べやすい大きさに切り、重さを計る。
③ 苦みを少なくするため、8〜10分ゆでこぼす。
④ 皮と砂糖を合わせ、汁けがなくなるまで煮る。
⑤ バットに広げ干す（1日位）。
⑥ グラニュー糖を混ぶす。

point　チョコレートを湯せんにかけて溶かし、砂糖煮につけてもおいしい。

24 マシュマロ菓子

材 料　4人分

マシュマロ …………… 100g	コーンフレーク ……… 100g
バター ………………… 20g	

作り方

① 耐熱ボウルにマシュマロ、バターを入れ、ラップをかけて電子レンジで80～90秒位、加熱する。

② 融けたマシュマロの中にコーンフレークを混ぜ合わせ、クッキングシートの上に広げて冷ます。ひと口大に丸めてもよい。

③ 食べやすい大きさに切る。

コーンフレークに米菓子やフルーツグラノーラを混ぜてもおいしい。

25 ヨーグルトゼリー

材料　4人分

A ｛
- 生クリーム …… 1パック（200cc）
- 砂糖 ………… 1カップ
- 卵 …………… 1個
- プレーンヨーグルト …. 1パック（400～450cc）
｝

- ゼラチン …………… 大さじ2
（1カップの水で湯せんして融かしておく）

作り方

① Aの材料を混ぜ合わせる。
② 湯せんしたゼラチンを加え、よく混ぜる。
③ 型に流す。
④ 固まってから果物をのせたり、フルーツソースをかければ、おしゃれなデザートが一品出来上がり。

透明のコップを使うとおしゃれ。

26 落花生のおしるこ

材料　4人分

落花生（殻付）……… 150g	水 …………………… 800cc
砂糖 ……………… 70〜80g	もち ………………… 8切
塩 …………… 小さじ1/2	

作り方

① 落花生は煎って、皮をむく。
② 落花生をなめらかになるくらいまですりつぶす。
③ すりつぶした落花生を水に溶かし、煮立たせてよく溶けるまでかき混ぜ、砂糖、塩を入れる。
④ もちを焼き、汁の中に入れる。

27 リメイクポテトサラダ

材料　4人分

残ったポテトサラダ	牛乳 ………………… 少々
市販のクレープの素 ….. 1箱	サラダ油 ……………… 少々
卵 ………………… 1個	

作り方

① クレープの素に卵、牛乳を入れ混ぜる。油で熱したフライパンでクレープを薄く焼く。
② ❶にポテトサラダを春巻の要領で包む。
③ ❷を半分に切って盛りつける。

- もしクレープが残ってしまったらハム、きゅうり、レタス、少量の塩かマヨネーズで味を付けて包んでもOK！
- ギョーザの皮でもよい。

28 りんごのヨーグルトケーキ

材料　4人分

りんご ……………… 1個	プレーンヨーグルト …… 100g
卵 ………………… 1個	薄力粉 ……………… 80g
砂糖 …………… 大さじ3	ベーキングパウダー
サラダ油 …… 大さじ1と2/3	……………… 小さじ1

作り方

① りんごは、皮と芯を除いて、1cm角に切る。
② 型にオーブンシートを敷いて、りんごを底に広げる。
③ 小麦粉とベーキングパウダーはフォークなどでよく混ぜ、空気を含ませる。
④ ボウルに卵と砂糖を入れ、泡立て器でよく混ぜ合わせる。
⑤ ❹に油とヨーグルトを順に加え、そのつどよく混ぜ合わせる。
⑥ 粉を❺にふるい入れ、ゴムべらでザックリ粉気がなくなるまで混ぜ合わせる。
⑦ 型に流し入れ、170℃のオーブンで40～50分間焼く。

29 簡単りんごケーキ①

材料　4人分

ホットケーキの素 …… 200g	りんご（中位の大きさ）
卵 ………………… 2個	………………… 3個
サラダ油 …………… 120cc	くるみ …………… 8個位

作り方

① りんごは皮をむき、ざく切りにする。
② くるみは細かくしておく。
③ ホットケーキの素、卵、サラダ油、りんご、くるみをボウルに入れて、ザックリと混ぜる。
④ オーブンの型に流し入れ、180℃で20分位焼く。

30 簡単りんごケーキ②

材料　4人分

A
- サラダ油 ………… 150cc
- 卵 ………………… 2個
- 砂糖 ……………… 200g
- 塩 …………… 小さじ1弱
- シナモン ………………
  　　　　　　小さじ1と1/2

B　りんご（いちょう切り）
　　……………………… 2個

C
- 小麦粉 …………… 315g
- ベーキングパウダー
  　　………… 小さじ1と1/2

作り方

① A→B→Cの順にボウルに入れ、よく混ぜ170℃で1時間焼く。
② 焼き上がったら、ガムシロップやジャムを加えていただく。

- 砂糖：水＝6：4でシロップが作れます。

31 りんごのレモン漬け

材料　4人分

りんご ……………… 3個

A ｛
レモン汁 ………… 適量
砂糖 ………… 大さじ4
　（オリゴ糖でも可）
塩 ………… 大さじ1/2

作り方

① りんごの皮は、色づけに少し残してむく。
② 芯を取り、くし形にスライスする。
③ ❷をAの汁に入れ、ナイロン袋に入れて空気を抜く。
④ 30分程で食べられる。

6 たれ・ドレッシング

1 青じそドレッシング

材料　4人分

青じそ ……………… 4枚

A ｛
- しょうゆ ……… 大さじ3
- 酢 …………… 大さじ3
- ごま油 ……… 大さじ1
- 砂糖 ………… 大さじ1
- 白ごま ………… 適量

作り方

① みじん切りにした青じそに、Aの材料をすべて混ぜる。

point　トマトとの相性抜群、湯むきしたミニトマトにかけるとGood!

2 梅味噌

材料 4人分

味噌 ・・・・・・・・・・・・・・・・・・ 100g
砂糖 ・・・・・・・・・・・・・・・・・・ 100g
完熟梅（種こみ）・・・・・・・・ 100g

作り方

① 材料を全部、ホウロウ鍋に入れ、焦がさないように煮つめる。
② 好みのかたさになったら、火をとめる。
③ ❷にとうがらし、さんしょうの葉を少々入れると良い。

3 カツのタレ

材料　4人分

ソース：みりん＝1：1

作り方

① 同量のソースとみりんを電子レンジでプツプツするまで加熱する。

 point　トンカツ、串カツ、カツ丼等にかけて使う。

4 だしつゆ

材料　4人分

しょうゆ	6カップ	みりん	5カップ
花かつお	1カップ		

作り方

① 鍋にみりんを入れ、沸騰させる。
② ❶の中にしょうゆを入れ、もう一度煮立たせる。
③ ❷に花かつおを入れる。
④ ❸をこして出来上がり。

〔用途〕
・しょうが、にんにくおろしを混ぜて揚げ物に
・照焼き
・ごま油、酢、七味とうがらしを加えて、きゅうりにつけて
・味玉子　　などなど

● 冷蔵庫保存で3か月くらいもちます。
● 市販のだしつゆと同じように利用できます。

5 冷やし中華のタレ

材料　4人分

めんつゆ	120cc	ごま油	大さじ1弱
しょうゆ	160cc	いりごま	大さじ2
酢	120cc	白ねりごま	大さじ1
水	400cc	粗挽きこしょう	少々
砂糖	大さじ4		

作り方

① 材料を全部ボウルに入れ、泡出て器でよく混ぜ、氷を入れて冷やす。

付録

手づくり工房 M&K 紹介

お料理便利メモ

えのき氷　きのこ料理　簡単おかず　ご飯もの　漬物・佃煮　おやつ　ドレッシング　付録

手づくり工房 M&K

「手作り工房M&K」グループ結成から二十数年、グループのみんなでお金を出し合い加工所をつくりました。

加工品は、多くの皆様の声を聞きながらりんごジュースやジャム、りんごと野菜のペーストなど、ラベルから始まってすべて手作りの温かみのある17種類の商品を手がけ、農産物直売所の「農産物産館オランチェ」や「信州中野いきいき館」で販売しています。

冬にはペーストを、夏、秋にはジャムやシロップ漬けを作ったりするなど、その季節の旬を加工しています。「ひとつひとつ、その時期に合った、おいしいものを提供していきたい」と毎日努力しております。

1 りんごと野菜ペースト

中野産のりんごと野菜のすりおろしをたっぷり使ったしょうゆベースの万能調味料のため、何にでも合います。

使用方法の一例

- 温野菜やお豆腐の調味料として
- ごま油と酢を加えてドレッシングに
- 肉じゃがの味つけとして
- カレーの隠し味に入れるとコクが増し、さらにうま味がでる
- お肉にしみ込ませて焼いたり、焼肉のタレとして最高

② ジャム

おいしさの特徴

・糖度40～50度と甘さ控えめの、果肉の食感を楽しめるジャムです。

使用方法の一例

・**りんごジャム（ふじ・紅玉）**
パンケーキの生地に混ぜて焼くアップルパイのフィリングに最適です。

・**あんずジャム**
アイスクリームにかけると色合いもきれいで、さわやかな酸味が味わい深いです。

・**黄金桃ジャム**
独特の風味があり、アイス・ヨーグルトにも合います。

・**ブルーベリージャム**
アイス、ヨーグルトにもベストカップルです。

・**プルーンジャム**
鉄分豊富、パンやワッフルにつけて、ぜひ毎日お召し上がりください。

③ シロップ漬け

> 味の特徴

- **ぶどうのシロップ漬け**
  汁も利用してゼリーで固めて、冷やしてどうぞ。
- **プルーンのシロップ漬け**
  汁も利用してゼリーで固め冷やしてどうぞ。
- **桃のシロップ漬け（白桃・黄金桃）**
  しっかりとした歯ごたえがあり、甘さも控えめです。カットしてあるので、急なお客様にも手作りの味を提供できます。

ちょい聞きいい話

1 季節の知恵
- りんごの腐乱病の枝にたっぷりの藁を巻くと元気になる。
- 桜の花が咲き始めたら種の蒔き時。
- カッコウやデデッポー(山鳩)の鳴き声を聞いてから豆を蒔く。

2 保存方法
- 里芋の親芋はよく乾かし、新聞紙に包んで発泡スチロールの箱(蓋はしない)に入れ冷蔵庫の上に春まで置いておく。芽が出たものを畑に伏せる。
- じゃがいもは畑に伏せてから100日程で収穫する。

3 味の知恵
- 変わりおろし:大根おろし80ｇにしそ風味ふりかけ小さじ1を和える。
- 彩りキムチ:白菜キムチ60ｇを粗みじん切りする。にら6本を小口切りにして和える。
- 目玉焼き:玉ねぎを輪切りにし外側の輪の部分を利用し、卵を入れ焼く。

4 保温容器の活用
- 煮物は土鍋で煮、使用しなくなった純毛のセーターで包み発泡スチロールの箱に入れて保温。

5 即席野菜茶漬け
- 野菜の葉の部分と長ねぎをきざみ、かつお節を和える。お茶漬けやチャーハンの具材として重宝する。

お料理便利メモ

ソース類

中華風甘酢あん

水 ………… 1カップ
酢 ┐
トマトケチャップ │
しょうゆ ├ 各大さじ3
砂糖 ┘
片栗粉 ……… 大さじ1

マヨネーズ

卵黄 ………… 1個分
サラダ油 …… 1カップ
酢 ………… 大さじ1
マスタード … 小さじ1
塩・こしょう …… 少々

和風ドレッシング

サラダ油 …… 大さじ3
酢 ………… 大さじ5
しょうゆ
　……… 大さじ1と1/2
溶きがらし … 小さじ1

タルタルソース

マヨネーズ ………… 大さじ5
玉ねぎ（みじん切り）…… 大さじ1
ゆで卵（みじん切り）…… 卵1個分
きゅうりのピクルス（みじん切り）・・少々

フレンチドレッシング

サラダ油 ………… 大さじ4
酢 ………… 大さじ3～4
塩 ………………… 小さじ
こしょう

オーロラソース

サラダ油 ………… 1/2カップ
トマトケチャップ・大さじ1と1/2～2

ホワイトソース

★グラタン用★

バター ………… 大さじ3
小麦粉 ………… 大さじ3
牛乳 …………… 3カップ
塩 …………… 小さじ1/2

★コロッケ用★

小麦粉 ………… 大さじ4
牛乳 …………… 2カップ

和え衣

◀ ごま味噌和え ▶
- 白味噌 ············ 100g
- 砂糖 ············ 大さじ1
- 酒 ············ 大さじ2
- しょうゆ ············ 大さじ1
- 白ごま ············ 大さじ3

◀ 白和え ▶
- 木綿豆腐 ············ 1/2丁
- 白ごま ············ 大さじ1と1/2
- 砂糖 ············ 大さじ1
- 塩 ············ 少々
- しょうゆ ············ 少々

◀ 酢味噌和え ▶
- 白味噌 ············ 100g
- 砂糖 ············ 大さじ2
- 酢 ············ 大さじ3

◀ 木の芽和え ▶
- 白味噌 ············ 100g
- 木の芽 ············ 15枚
- 砂糖 ············ 大さじ1
- みりん ············ 大さじ2

◀ 梅肉和え ▶
- 梅干し ············ 大3個
- みりん ············ 大さじ1

◀ 田楽味噌 ▶
- 赤味噌 ············ 100g
- 砂糖 ············ 大さじ3
- 酒 ············ 大さじ1
- みりん ············ 大さじ3
- だし汁 ············ 1/4カップ

◀ ごま和え ▶
- 白ごま ············ 大さじ3
- しょうゆ ············ 大さじ2
- 砂糖 ············ 大さじ1
- 酒 ············ 小さじ1

※分量は4人分

味つけの割合

だし	しょうゆ	みりん	砂糖	酢	用　　途
3	1	1			天つゆ（衣の多いもの、弁当）
4	1	1			普通の天つゆ
4	1（う）		0.8		丼物の汁
5	1	1	0.5		煮物（ごぼう、こんにゃく等）
5	1（う）	少々（煮きり）			おひたし
7	1（う）	1	0.8		煮物（濃い味）、たけのこ、弁当
8	1	1	0.8		八方汁
9	1	1	0.8		凍り豆腐
14	1	1	少々		鍋焼きうどん、おでん
16	1（う）	1	0.5	3	土佐酢

※（う）：薄口しょうゆ

重量換算表

食　品　名	小さじ1杯	大さじ1杯	カップ1杯	食　品　名	小さじ1杯	大さじ1杯	カップ1杯
水・酢・酒	5 g	15 g	200 g	小麦粉（薄力粉）	3 g	8 g	100 g
しょうゆ・みりん	6 g	18 g	230 g	片　栗　粉	3 g	9 g	110 g
砂糖（上白糖）	3 g	9 g	110 g	パ　ン　粉	1 g	4 g	45 g
塩（食塩）	5 g	15 g	210 g	粉　チ　ー　ズ	2 g	6 g	80 g
油	4 g	13 g	180 g	粉ゼラチン	3 g	10 g	130 g
バター・マーガリン	4 g	13 g	180 g	味　　噌	6 g	18 g	230 g
ウスターソース	5 g	16 g	220 g	ケチャップ	6 g	18 g	240 g
マヨネーズ	5 g	14 g	190 g	米（ごはんになると2.3倍の体積）			160 g

知っていると便利

寿司飯合わせ酢

（米3カップに対して）
・巻き寿司
　酢 ･････････････ 大さじ4
　砂糖 ･･････････ 大さじ1と1/3
　塩 ･････････････ 小さじ2
・ちらし、いなり寿司
　酢 ･････････････ 大さじ4
　砂糖 ･･････････ 大さじ2と1/3
　塩 ･････････････ 小さじ2

すき焼きの割り下

（関東風）
しょうゆ ･････････ 1カップ
みりん ･････････ 3/4カップ
砂糖 ･･･････････ 大さじ1
だし汁 ･･･････････ 1/2カップ

※分量は4人分

茶碗蒸し

卵 ･･････････････ 大3個
だし汁 ･･･････ 2と1/2カップ
塩 ･･････････････ 少々
薄口しょうゆ ･･････ 小さじ1

和風だし

水 ･･････････････ 5カップ
かつお節 ･･･････ 1カップ
昆布3cm角 ･･･････ 4枚

・水に、汚れをふき取った昆布を入れて中火にかけ、煮立つ直前に引き上げる。
・ここにかつお節を加え、浮いてくるアクをすくい取り、火をとめ、かつお節が沈むのを待ってこす。

てばかり（塩）

（大づかみは約大さじ3杯分）	ひとにぎりは約大さじ2杯分	3本指でつまむと小さじ1/4杯分	ひとつまみは小さじ1/8杯分
500gの魚を塩でしめるときに	1kgの白菜の漬物に	1杯分のすまし汁に	1個分の卵焼きに

ＪＡ中野市女性部20周年記念誌編集委員

編集委員長	小林　秀子
副委員長	町田久美子
	滝沢　富子
	佐藤　初美
	土屋　和子
	髙橋　征子
	小林　千枝

〈本書の内容についての問合せ先〉

ＪＡ中野市女性部
〒383-8588　中野市三好町1-2-8
TEL 0269-22-4191　FAX 0269-22-7883
URL www.ja-nakanoshi.iijan.or.jp/

【参考資料】
おらちの"おごっつぉ"食べとくれ！
　　　／ＪＡ北信地区生活指導員部会発行（1992年）
おらちの《おごっつぉ》食べとくれ！〔第2弾〕
　　　／ＪＡ北信地区生活指導員部会発行（1995年）
ヘルシーメニュー集
　　　／長野県食生活改善推進協議会　中高支部発行（1999年）
ヘルシーメニュー集
　　　／長野県食生活改善推進協議会　飯水岳北支部発行（1999年）
我が家のお奨めMENU
　　　／ＪＡ中野市女性部発行（2007年）
わくわくみゆき野レシピ集
　　　／ＪＡ北信州みゆき女性部発行（2007年）
わが家の自慢料理
　　　／ＪＡ北信州みゆき女性部発行（2003年）
四季の簡単100レシピ
　　　／しなの食文化研究会編／ほおずき書籍発行（2013年）
うんめぇ　おらんちの味！
　　　／『うんめぇ　おらちの味！』編集委員会／ほおずき書籍発行（2008年）

ＪＡ中野市女性部の伝えたい味
いっぱい　ごちそう

2016年11月13日　第1刷発行
2017年4月17日　第2刷発行

企画・編集／ＪＡ中野市女性部20周年実行委員会
発　行　者／木戸　ひろし
発　行　所／ほおずき書籍株式会社
　　　　　　〒381-0012　長野県長野市柳原2133-5
　　　　　　電話（026）244-0235㈹
　　　　　　FAX（026）244-0210
　　　　　　URL http://www.hoozuki.co.jp
発　売　元／株式会社星雲社
　　　　　　〒112-0005　東京都文京区水道1-3-30
　　　　　　電話（03）3868-3275㈹

※落丁・乱丁本はお取り替えいたします。
本書の、購入者による私的使用以外を目的とする複製・
電子複製及び第三者による同行為を固く禁じます。
ISBN978-4-434-22658-8

ISBN978-4-434-22658-8
C0077 ¥1000E

発行●ほおずき書籍
発売●星雲社
定価 1,100円⑩